どうかわる？

令和5年
10月1日
スタート

社会福祉法人のための
インボイス対応 Q&A

公認会計士　**渡部　博**

税理士　　　**鳥原　弓里江**

社会福祉法人　全国社会福祉協議会

はじめに

　令和5年10月1日より、適格請求書等保存方式、いわゆる「インボイス制度」が導入されます。令和5年3月現在、消費税の納税義務があるかどうかにかかわらず、売り手として、買い手として、それぞれの立場からインボイス制度への対応を検討する必要があります。

　社会福祉法人はその事業の性質上、消費税の非課税取引の割合が大きく、消費税申告について免税事業者である法人も多いと思います。しかし、インボイス制度が導入されると、取引の相手が適格請求書を求めているのかも重要なポイントとなります。インボイス制度導入前は免税事業者であったとしても、インボイス制度導入に伴って適格請求書発行事業者に登録をし、消費税申告の課税事業者となるケースも出てくるということです。

　このように、すべての事業者に影響があるインボイス制度ですが、現状としては、何から検討すればよいのか分からない、制度が複雑で理解できない、という方も多くいるのではないでしょうか。

　そこで、本書は、国税庁の一問一答から社会福祉法人の実務に関連の深い論点をピックアップし、Q&A形式で解説をしています。内容としては、基本編、登録判断編、実務編、資料編という構成になっています。まず、基本編では、消費税の仕組みとインボイス制度の概要を解説しています。登録判断編では、適格請求書発行事業者に登録すべきかどうかの判断のポイントについて解説しています。実務編では、売り手としての立場、買い手としての立場に分けて解説をしています。さらに、売り手としての立場は、適格請求書発行事業者になる場合と適格請求書発行事業者にならない場合に分け、買い手としての立場は、原則課税で申告をする課税事業者、簡易課税制度を適用して申告をする課税事業者、免税事業者に分けています。

　社会福祉法人はもちろんのこと、社会福祉事業に関わる多くの人に理解していただくために、なるべく平易な表現で、1つのQにつき、原則、2ページで完結することを心がけました。そして、Tipsでは、より実務的な内容を取り上げ、インボイス制度導入にあたって、皆様が疑問を抱くであろう部分について解説しています。さらに、令和4年12月に公表された令和5年度税制改正大綱の内容も盛り込んでいます。

　本書が、皆様のインボイス制度導入対応の一助となることを願います。

公認会計士　渡部　博

税理士　　　鳥原　弓里江

本書の使い方

　社会福祉法人では、社会福祉事業が消費税の非課税とされているものが多く、消費税申告をしていない法人が相当数あるという点が、事業会社とは異なります。また、福祉サービスの提供先の多くが、消費者個人であるという特徴があります。

　そこでインボイス制度への対応については、各法人の現在の状況からスタートし、フローチャート式に検討していくことが的確かつ効果的なアプローチと考えます。本書では、右図のようなフローチャートを用意し、各局面において必要なQ&Aを用意し、的確にインボイス制度の対応ができるようにしました。チャート図の番号は、本書の該当Q&Aです。目次とともに参照すべきQ&Aの把握に活用ください。

本書の構成

チャート図

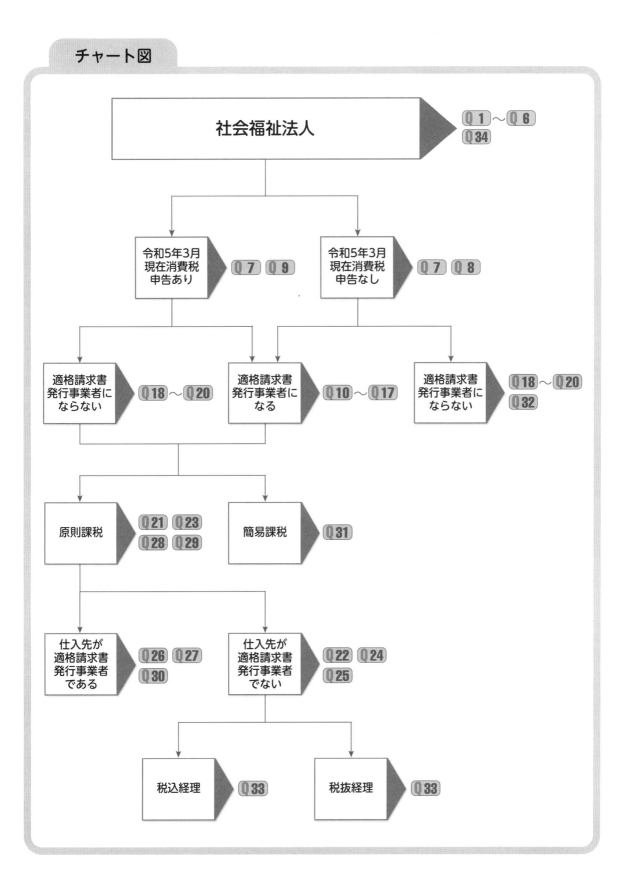

社会福祉法人 　Q1〜Q6 Q34

令和5年3月現在消費税申告あり 　Q7 Q9

令和5年3月現在消費税申告なし 　Q7 Q8

適格請求書発行事業者にならない 　Q18〜Q20

適格請求書発行事業者になる 　Q10〜Q17

適格請求書発行事業者にならない 　Q18〜Q20 Q32

原則課税 　Q21 Q23 Q28 Q29

簡易課税 　Q31

仕入先が適格請求書発行事業者である 　Q26 Q27 Q30

仕入先が適格請求書発行事業者でない 　Q22 Q24 Q25

税込経理 　Q33

税抜経理 　Q33

Contents

基本編
I   消費税の仕組みとインボイス制度

登録判断編
II   適格請求書発行事業者登録の判断

実務編
III   インボイス制度の登録

Ⅳ　売り手／適格請求書発行事業者になる

Ⅴ　売り手／適格請求書発行事業者にならない

凡　例

本書の主な法令・用語等の略称は、以下の通りです。

＜法令・通達等＞

28年改正法………………………所得税法等の一部を改正する法律（平成28年法律第15号）

消法………………………………消費税法

新消法……………………………28年改正法及び所得税法等の一部を改正する法律（平成30年法律第7号）による改正後の消費税法

消令………………………………消費税法施行令

新消令……………………………消費税法施行令等の一部を改正する政令（平成30年政令第135号）による改正後の消費税法施行令

消基通……………………………消費税法基本通達

法法………………………………法人税法

所法………………………………所得税法

所基通……………………………所得税法基本通達

インボイス通達…………………消費税の仕入税額控除制度における適格請求書等保存方式に関する取扱通達

インボイスQ&A…………………消費税の仕入税額控除制度における適格請求書等保存方式に関するQ&A（平成30年6月）（令和4年11月改訂）

スキャナ保存一問一答………電子帳簿保存法一問一答（スキャナ保存関係）

＜用語＞

インボイス制度…………………適格請求書等保存制度

課税仕入れ………………………課税仕入れ等

電子データ………………………電磁的記録

売り手……………………………財またはサービスの提供側（請求書提供側）

提供先（買い手）………………財またはサービスの提供先（請求書受取側）

売上先……………………………財またはサービスの提供先（請求書受取側）

仕入先……………………………財またはサービスの提供元（請求書発行側）

令和n年度………………………令和n年4月1日～令和（n＋1）年3月31日

令和5年度から令和n年度…令和5年10月1日から令和n年9月30日までの属する課税期間中

※本書の内容は令和5年3月1日現在の法令・通達等に基づいています。

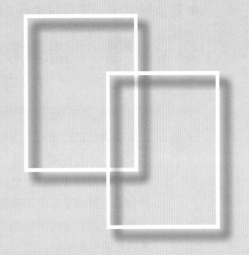

基本編

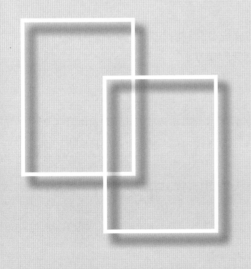

Q1　消費税の納税額の計算方法を教えてください。

A 消費税の納税額は、課税売上に係る消費税額（預かった消費税）から、課税仕入れに係る消費税額（支払った消費税）を控除して計算します。課税仕入れに係る消費税額を控除することを「仕入税額控除」といいます。「仕入税額控除」は消費税の納税額を計算する上で重要な仕組みです。
　また、消費税の納税額の計算方法は、大きく分けて、原則課税と簡易課税制度の2通りあります。

解説

1　消費税の納税の仕組み

　消費税は、商品・製品の販売やサービスの提供などの取引に対して広く公平に課税される税です。税の負担者は消費者ですが、納税は事業者が行います。

　消費税の納税額は、課税売上に係る消費税額から、課税仕入れに係る消費税額を控除して計算します。課税仕入れに係る消費税額を控除することを、「仕入税額控除」といいます。

　この仕組みを図にまとめると以下の通りです。

【消費税額の計算方法】

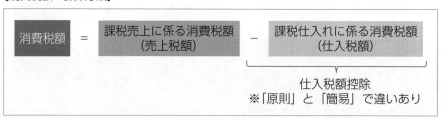

　消費税の納税額の計算方法には、大きく分けて、原則課税と簡易課税制度の2通りあります。上の図でいうと、仕入税額控除の計算方法に違いがあります。

2　納税額の計算方法

（1）原則課税

　原則課税では、実際の課税仕入れに係る消費税額を仕入税額控除の対象とします。注意しなければならないことが2つあります。

　1つめは、仕入税額控除の対象となるのは、課税仕入れのみであることです。たとえば、パソコン等の事務用品の購入や研修講師の謝金等は課税仕入れであるため仕入税額控除の対象となりますが、給与等の人件費の支払い（不課税仕入れ）や郵便局での印紙の購入（非課税仕入れ）は課税仕入れでないため、仕入税額控除の対象となりません。

　2つめは、仕入税額控除を行うために、帳簿および請求書等の保存が必要とされていることです。

（2）簡易課税制度

　簡易課税制度を適用できる法人は、基準期間（前々事業年度）における課税売上高が5,000万円以下である法人に限られます[1]。簡易課税制度を適用するには、「消費税簡易課税制度選択届出書」（→資料編 P. 87）の提出が必要です。届出書を提出した日の属する事業年度の翌事業年度から、簡易課税制度を適用することができます。

　簡易課税制度を適用する場合、仕入税額控除の金額は、課税売上に係る消費税額にみなし仕入率を乗じたものとなります[2]。すなわち、簡易課税制度においては、実際の課税仕入れの金額を使用することはないということです。

　みなし仕入率は、事業の種類によって変わります。消費税法施行令では、以下の通り、事業を6つの区分に分けて、それぞれみなし仕入率を設定しています[3]。

【簡易課税制度におけるみなし仕入率】

事業区分	みなし仕入率
第1種（卸売業）	90%
第2種（小売業等）	80%
第3種（製造業等）	70%
第4種（第1種～第3種、第5種、第6種以外の事業。また、飲食店業は第4種）	60%
第5種（保険業、サービス業等。ただし、飲食店業は除く）	50%
第6種（不動産業）	40%

　社会福祉法人が行う課税売上取引は、そのほとんどが、上記の表でいうと第5種に該当します。そのため、課税売上に係る消費税額にみなし仕入率50%を乗じた金額が、仕入税額控除の金額となります。

---

[1]消法37①　　[2]消法37①、消令57　　[3]消令57①

Q2 インボイス制度導入前における仕入税額控除の要件を教えてください。

A 原則課税で申告・納税をする場合、仕入税額控除を行うためには、一定の事項を記載した帳簿と区分記載請求書の保存が必要となります。ただし、帳簿のみの保存で仕入税額控除を行うことが認められている取引もあります。

一方、簡易課税制度で申告・納税をする場合、仕入税額控除の要件はありません。

解説

1 原則課税における仕入税額控除

インボイス制度導入前に仕入税額控除を行うためには、帳簿および区分記載請求書の保存が必要となります。

帳簿の記載事項については、以下の通りです[1]。

【帳簿の記載事項】

①課税仕入れの相手方の氏名または名称
②課税仕入れを行った年月日
③課税仕入れに係る資産または役務の内容（軽減税率対象項目である場合には、資産の内容およびその旨）
④課税仕入れに係る支払対価の額

区分記載請求書の記載事項については、以下の通りです[2]。

【区分記載請求書の記載事項】

①請求書等の発行者の氏名または名称
②取引年月日
③取引内容（軽減税率対象品目である場合にはその旨）
④取引金額（税率区分ごとの合計請求額）
⑤請求書等の受領者の氏名または名称

なお、売り手から交付された請求書等に③（軽減税率対象品目である場合にはその旨）と④（税率区分ごとの合計請求額）の記載がない場合、買い手が追記することが認められていま

す。

　また、以下の場合には、帳簿のみの保存で仕入税額控除を行うことが認められています[3]。

　①1回の取引が税込3万円未満である場合

　②税込3万円以上で、請求書等の交付を受けられなかったことにつきやむを得ない理由が
　　ある場合

2　簡易課税制度における仕入税額控除

　簡易課税制度おいては、仕入税額控除に実際の課税仕入れの金額を使用することはありません（→ Q1 ）。

　したがって、帳簿および請求書等の保存の要件はありません。

---

[1]消法30⑦⑧　　[2]消法30⑦⑨　　[3]消法30⑦、消令49①一、二、消基通11-6-2

Q3 課税事業者と免税事業者の違いを教えてください。

A 消費税の納税義務者のことを課税事業者といいます。課税事業者には、消費税の申告・納税を行う義務があります。課税事業者以外を免税事業者といいます。免税事業者には、消費税の申告・納税義務はありません。

解説

1 課税事業者であるかどうかの判定方法

課税事業者とは、以下の（1）～（4）のいずれかに該当する法人です[1]。以下のいずれにも該当しない法人は、免税事業者となります。

【課税事業者の判定方法】

（1）基準期間（前々事業年度）における課税売上高が 1,000 万円を超える法人

（2）特定期間（前事業年度の 4 月～ 9 月）における課税売上高が 1,000 万円を超え、かつ、特定期間中に支払った給与等の金額が 1,000 万円を超える法人

（3）「消費税課税事業者選択届出書」（→資料編 P. 85）を提出している法人

（4）新設法人または特定新規設立法人に該当する法人（該当の法人はほとんどないため詳細を割愛）

このうち、（1）、（2）においては、事業年度毎に判定することが必要です。

たとえば、令和 5 年度に自身の法人が課税事業者であるかどうかは、前々事業年度である令和 3 年度の課税売上高が 1,000 万円を超えるかどうか、前事業年度である令和 4 年度の 4 月～ 9 月の課税売上高および令和 4 年度の 4 月～ 9 月に支払った給与等の金額がそれぞれ 1,000 万円を超えるかどうかで判定します。

そして、翌事業年度である令和 6 年度が課税事業者であるかどうかは、令和 4 年度の課税売上高、あるいは令和 5 年度 4 月～ 9 月までの課税売上高・給与等の金額で判定することになります。

したがって、（1）、（2）により課税事業者となった場合は、一度課税事業者になったから今後も継続して課税事業者、ということではないのです。

一方、（3）の「消費税課税事業者選択届出書」を提出した場合は、（1）、（2）の判定とは関係なく、課税事業者となります。

　この場合、「消費税課税事業者選択不適用届出書」（→資料編 P. 86）を提出しない限り、継続して課税事業者となります。

【課税事業者の判定方法（1）（2）の考え方】
例：令和 5 年度が課税事業者であるか判定する場合

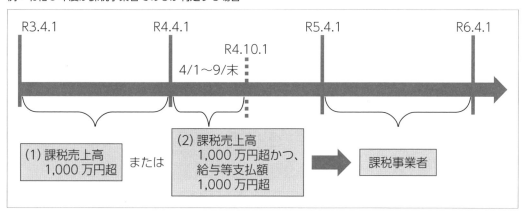

2　課税事業者の申告・納税義務

　課税事業者には、消費税の申告・納税義務があります。
　そのため、原則、翌事業年度の 5 月末日まで（申告期限の延長届出書を提出している場合は、6 月末日まで）に、所轄の税務署長に消費税申告書を提出し、納税をしなければなりません[2]。

---

[1]消法 5①、9①④　　[2]消法 45①

社会福祉法人が提供するサービスで消費税が課税される取引にはどのようなものがありますか。

社会福祉法人が実施する第一種・第二種社会福祉事業や介護保険サービス、社会福祉事業としての受託事業などの取引は、その大部分が消費税を課税されない非課税取引です。

消費税が課される課税取引としては、土地以外の固定資産の売却や職員に提供した給食、バザー、物品販売などがあります。

解説

消費税法で規定される非課税売上取引・課税売上取引

社会福祉法人における事業のうち、消費税法別表第一に規定される取引は非課税とされています[1]。たとえば、介護保険法の規定に基づく居宅介護サービス費の支給に係る居宅サービスや社会福祉法 2 条に規定する社会福祉事業がこれに該当します[2]。

社会福祉法人における非課税売上取引、課税売上取引を表にすると以下の通りです。

【社会福祉法人が提供するサービスの非課税・課税取引】

非課税とされる社会福祉事業	課税事業 （非課税から除かれる事業）	根拠	
介護保険法の規定に基づくサービス	主に、「利用者の選定による」サービスの対価（具体例は、消基通 6-7-1　参照）※ 1	消法別表第 1七　イ	消基通 6-7-1
	福祉用具貸与または販売（身体障害者用物品を除く）	消法別表第 1十	消令 14 の 4
社会福祉事業および更生保護事業として行われる資産の譲渡	障害者支援施設若しくは授産施設を経営する事業等において生産活動としての作業に基づいて行われるもの（具体例は、消基通 6-7-6　参照）※ 2	消法別表第 1七　ロ	消基通 6-7-6
社会福祉事業に類する事業のうち、費用要件、対象者要件、事業内容要件を満たす事業（具体例は、消費税法施行令 14 条の 3 および厚生省告示を参照）※ 3	──	消令 14 の 3	──
社会福祉事業の受託	社会福祉施設の業務の一部のみを受託した場合（入浴、給食、移送等の受託）	消基通 6-7-9	──

課税事業とされる下記の取引の詳細については、巻末資料の該当通達を参照ください。

※1　主に、「利用者の選定による」サービスの対価（具体例は、P.76消基通6-7-1参照）

※2　障害者支援施設若しくは授産施設を経営する事業等において生産活動としての作業に基づいて行われるもの（具体例は、P.78消基通6-7-6　参照）

※3　非課税事業とされる社会福祉事業に類する事業のうち、費用要件、対象者要件、事業内容要件を満たす事業は消費税法施行令14条の3および厚生省告示で示されています（具体例は、P.79消令14条の3参照）。

主に介護保険事業の非課税取引、課税取引をそれぞれ具体的に記載した、告示、通知として下記のものがあります。

発出日	法令・通知	名称	記載されている内容
平成12年2月10日	大蔵省告示第27号	消費税法施行令第十四条の二第一項、第二項及び第三項の規定に基づき、消費税法施行令第十四条の二第一項、第二項及び第三項に規定する財務大臣が指定する資産の譲渡等を定める件	非課税とされる居宅介護サービスに類するもの
平成28年3月31日	財務省告示第100号	消費税法施行令等の一部を改正する政令（平成二十八年政令第百四十八号）附則第三条第二項の規定に基づき、財務大臣の定める基準を定める件	軽減税率の適用対象となる有料老人ホームにおいて行う飲食料品の提供
平成12年8月9日	厚生省老人保健福祉局介護保険課	介護保険法の施行に伴う消費税の取り扱いについて	――
平成12年2月28日	厚生省老人福祉振興課長通知	介護保険における福祉用具の消費税の取り扱いについて	――

社会福祉法人が提供する社会福祉事業以外のサービスで消費税が課税される取引は、次のようなものがあります。

〈収入〉
物品販売収入、バザー収入、実習謝礼金、飲食店収入、受入れ研修費収入、行事参加費収入、自動販売機の設置による収入　など

[1]消法6、別表第1　　[2]消法別表第1七、消令14の2、3、4

Q5 インボイス制度とは何ですか。社会福祉法人に関係があるのでしょうか。

インボイス制度とは、仕入税額控除の要件として、原則、適格請求書の保存が必要となる制度のことです。

インボイス制度は、すべての社会福祉法人に関係があります。インボイス制度導入前において消費税の納税義務があるかないかにかかわらず、売り手としての立場、買い手としての立場、それぞれにおけるインボイス制度への対応方法を検討しなければなりません。

解説

1 インボイス制度の概要

インボイス制度とは、仕入税額控除の要件として、原則、売り手から交付された適格請求書の保存が必要となる制度のことです[1]。

適格請求書を交付するには、適格請求書発行事業者になることが必要です。適格請求書発行事業者になるには、所轄の税務署長に登録申請をし、適格請求書発行事業者の登録を受けることが必要となります（→ **Q10** ）。

適格請求書発行事業者には、買い手（課税事業者に限ります）の求めに応じて適格請求書を交付する義務があります[2]。ただし、適格請求書を交付する義務があるのは、課税取引を行った場合のみです。

買い手（課税事業者に限ります）は、帳簿と適格請求書の保存をもって、仕入税額控除を行います。なお、課税取引であっても、一定のものについては、帳簿のみの保存で仕入税額控除を行うことが認められています（→ **Q28** ）。

インボイス制度導入前は、保存する請求書等の要件として、消費税額の記載は必要ありませんでした。しかし、インボイス制度導入後、適格請求書には消費税額を記載することが必要となります（→ **Q15** ）。したがって、インボイス制度の下では、売り手と買い手の認識する消費税額が一致することになります。

2 インボイス制度導入の背景

消費税は平成元年4月1日に導入されました。導入当初は、仕入税額控除の要件として帳簿または請求書等の保存が必要とされました。平成6年の税制改革（平成9年4月1日施行）により、仕入税額控除の要件として帳簿および請求書等の保存が必要とされました。

そして、令和元年10月1日より、これまでは単一税率であった消費税が複数税率となりました。この複数税率制度の下で適正な課税を確保するため[3]、令和5年10月1日より、仕入税額控除の要件として帳簿および適格請求書の保存が必要となる「適格請求書等保存方式」（いわゆる「インボイス制度」）が導入されることになったのです。

3 社会福祉法人への影響

社会福祉法人において、法人税は収益事業にのみ課税されますが[4]、消費税は法人形態に関係なく、取引の内容により、課税・非課税・不課税が決まります。

社会福祉法人の取引は、社会政策的な配慮によりその大部分が非課税取引ですが、課税取引となるものもあります（→ Q4 ）。そして、1 に記載の通り、インボイス制度の下では、売り手の交付した適格請求書で買い手が仕入税額控除を行います。

したがって、インボイス制度の下では、社会福祉法人（売り手）が交付した適格請求書により買い手が仕入税額控除を行うことになるため、社会福祉法人は、売り手として適格請求書発行事業者に登録するかどうかを検討することが必要になります（→ Q7 ）。

また、買い手としては、消費税の納税義務のない免税事業者、または、課税事業者であっても簡易課税制度を適用している社会福祉法人であれば、インボイス制度の影響はありません。しかし、原則課税で消費税の申告・納税をしている社会福祉法人は、インボイス制度導入後の請求書について、適格請求書でないと仕入税額控除を行うことができません。そのため、買い手として、売り手が適格請求書発行事業者かどうかを把握し、適格請求書発行事業者でない場合は、その影響額を把握し、場合によっては価格交渉を行うなどの対策をしなければなりません（→ Q25 ）。

このように、売り手としての立場、買い手としての立場、それぞれについてインボイス制度への対応方法を検討することが必要になります（→ Q7 ）。

---

[1]新消法30　　[2]新消法57の4①　　[3]消費税に関する基本的な資料(財務省)　　[4]法法4①

Q6 インボイス制度で具体的に何が変わるのですか。

A 令和5年10月1日より、仕入税額控除の適用を受けるための要件が変わり、帳簿記載と「適格請求書」の保存が必要となります。

解説

1 インボイス制度導入前（区分記載請求書等保存方式）との比較

令和5年10月1日前後での主な違いをまとめると以下の通りです。

	R 5/9/30 まで	R 5/10/1 以降	R 8/10/1 以降	R 11/10/1 以降
適格請求書発行事業者とそれ以外の区分	なし	あり		
課税事業者と免税事業者の区分	あり			
仕入税額控除の要件としての請求書の保存	区分記載請求書等の保存	適格請求書等保存方式		
請求書等の交付義務	請求書の交付義務なし	適格請求書発行事業者は適格請求書の交付義務あり		
適格請求書発行事業者以外からの仕入れ	全額控除可能	80％控除	50％控除	控除不可

2 仕入税額控除の要件としての請求書の保存

「区分記載請求書」の保存から「適格請求書」の保存が必要となるのが重要な変更点です。

3 登録制度

適格請求書を発行できるのは適格請求書発行事業者です。そのため、事業者は、納税地を所轄する税務署長に「適格請求書発行事業者の登録申請書」（→資料編 P. 80）を提出し、適格請求書発行事業者として登録を受ける必要があります。登録を受けるのは課税事業者に限られます[1]。登録された日より適格請求書発行事業者となり、適格請求書を発行することができます。

4　適格請求書の交付義務

　適格請求書発行事業者は、課税事業者である提供先（買い手）から求められた場合に適格請求書の交付義務が課されています。

5　適格請求書発行事業者以外からの仕入れ

　一定期間の経過措置がありますが、その後は適格請求書発行事業者以外からの仕入れに係る消費税額は控除ができなくなります。

6　適格請求書発行事業者、免税事業者及び課税事業者の関係

　適格請求書発行事業者の登録を受けるのは課税事業者に限られますが、令和5年度から令和11年度の間に免税事業者が登録を行った場合、登録日から課税事業者となり、消費税の申告が義務となります（→ Q12 ）。適格請求書発行事業者、課税事業者および免税事業者の関係をまとめると以下の通りです。適格請求書発行事業者となった場合に、現状が免税事業者であっても自ずと課税事業者となる点に留意が必要です。

登録前の状況	適格請求書発行事業者の登録	
	あり	なし
課税事業者	（A）消費税申告義務あり	（B）消費税申告義務あり
免税事業者	（C）消費税申告義務あり	（D）消費税申告義務なし

7　適格請求書の記載事項

　適格請求書には、記載事項が定められています[2]。

区分記載請求書の記載事項	適格請求書の記載事項
請求書等の発行者の氏名または名称	適格請求書発行事業者の氏名または名称および登録番号
取引年月日	同左
取引内容 （軽減税率対象品目である場合にはその旨）	同左
取引金額 （税率区分ごとの合計請求額）	課税資産の譲渡等の税抜価額または税込価額を税率ごとに区分して合計した金額および適用税率
――	税率ごとに区分した消費税額等
請求書等の受領者の氏名または名称	同左

[1]新消法9①　　[2]新消法57の4①

登録判断編

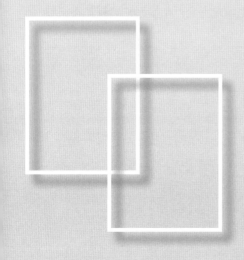

Q7 適格請求書発行事業者になるかどうかはどのように判断したらよいですか。

A　売り手として課税取引となるサービスを提供していれば、提供先（買い手）が課税事業者である場合に適格請求書の交付を求められることが想定されます。そこで、売り手の立場から適格請求書交付の必要性を検討するとともに、登録後にどのような義務や事務的負担があるのかを総合的に判断します。

解説

1 必要性

社会福祉法人が適格請求書発行事業者に登録するかどうかは、次のような手順で判定します。

Step 1　課税取引となるサービスを提供しているか

まずは、社会福祉法人が課税取引を提供しているか、の判定です。課税取引（→ Q4 ）を提供していない場合、提供先（買い手）から適格請求書の交付を求められることはありません。

Step 2　サービスの提供先（買い手）に課税事業者がいるか

次に、提供先（買い手）に課税事業者がいるか、の判定です。提供先が個人としての利用者である場合には該当がありません。社会福祉法人が課税取引を事業者に提供しているケースとしては、事業者に提供する就労継続支援事業所の作業収益、自治体からの課税事業の受託収益等があります。

Step 3　提供先（買い手）から適格請求書の交付が求められているか

最後に、これら提供先（買い手）から適格請求書の発行が求められているか、の判定です。提供先から適格請求書の交付が求められている場合、適格請求書発行事業者に登録する必要性が高くなります。

2　登録後の義務

　判定にあたり考慮すべき登録後の義務は2つあります。1つめは、消費税の申告義務です。免税事業者は、適格請求書発行事業者の登録を行った場合、登録日から課税事業者となり、消費税の申告が義務化されるという点です。すでに課税事業者である場合にはこの点の考慮は不要です。

　2つめは、適格請求書の交付義務です。適格請求書発行事業者は、課税事業者である提供先（買い手）から求められた時には適格請求書の交付義務が課されています[1]。ポイントは、課税事業者である提供先の属性です。福祉サービスの提供先が消費者である場合にはそもそも適格請求書の交付義務がありません。提供先が、課税事業者である場合[2]に、適格請求書の交付を要求された際は、適格請求書を交付する義務があります。

3　事務的負担

　適格請求書発行事業者となった場合には、次の準備が必要です。

（1）様式の通知

　適格請求書は記載項目が定まっていますが、様式、名称などは任意とされています。そのため、見積書、納品書、請求書、領収書等のうち何を適格請求書として交付するのかを提供先に必要に応じ通知する必要があります。

（2）交付、提供方法の通知

　適格請求書は紙での交付、電子データでの提供のいずれも可能です。どのように提供するかも必要に応じ通知する必要があります。

（3）取引条件の変更

　適格請求書の交付にあたり、価格などの取引条件が変わる場合もあります。そして、これらの変更点を契約書などに反映することが必要となります。

（4）システム変更

　適格請求書の発行システムの改修、業務フローの改定が必要となります。

（5）その他

　上記の準備に加え、法人内で次のような準備を行う場合があります。
　○インボイス制度に関する職員研修の実施
　○提供先（買い手）が適格請求書発行事業者であるかの確認

4 総合判断

　適格請求書発行事業者に登録するかどうかは、以上の視点から総合的に判断します。なかでも重要な判断ポイントは、**1** 必要性の視点における Step 3 提供先（買い手）からの要請です。要請が多い場合には適格請求書発行事業者に登録するという判断がなされるでしょう。

　要請が多くても義務や事務的な負担を考慮し、適格請求書発行事業者にならないという場合には、提供先（買い手）との価格交渉により解決する道もあります（→ **Q20**、**Q25**）。

【適格請求書発行事業者になるか否かの判断プロセス】

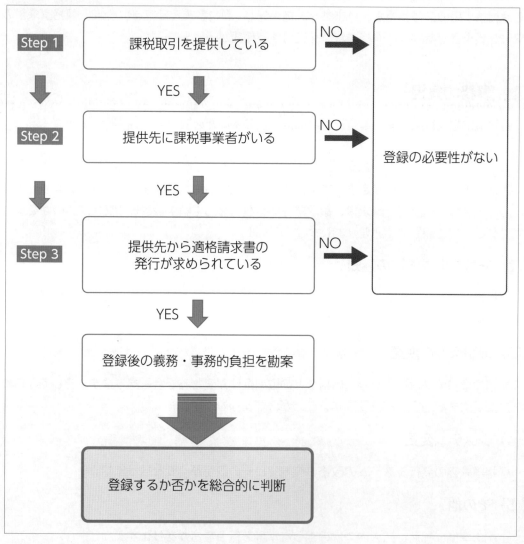

Q8 消費税申告をしていませんが、適格請求書発行事業者に登録しなければなりませんか。

A 適格請求書発行事業者に登録するかどうかは任意です。消費税申告をしていない社会福祉法人も相当数あるなか、適格請求書発行事業者となるかどうかは、売り手の立場での必要性や義務などを勘案して、判断する必要があります（→ Q7 ）。

解説

1 インボイス制度とは

インボイス制度とは、令和5年10月1日以降、仕入税額控除の要件として、原則、適格請求書発行事業者から交付を受けた適格請求書の保存が必要になる、というものです[1]。消費税申告をしていない場合、仕入税額控除する必要がないので、適格請求書発行事業者に登録する必要はないと考えてしまいがちです。適格請求書は、原則、売り手が交付するものですから、消費税申告をしていないという視点ではなく、売り手として適格請求書発行事業者の登録の必要性の判断が必要です。

2 売り手としての判断とは

適格請求書は原則、売り手が交付するものですから、課税事業者かどうかの視点ではなく、売り手として適格請求書発行事業者の登録の必要性、登録後の義務、事務的な負担等の総合的な判断が必要です（→ Q7 ）。

なお、消費税申告をしている社会福祉法人において、主に、課税事業者以外の消費者が福祉サービスの提供先である場合には、適格請求書交付の必要性が乏しく、適格請求書発行事業者とならない、という判断もあります。

3 適格請求書発行事業者、免税事業者および課税事業者の関係

　免税事業者は、適格請求書発行事業者の登録を行った場合、登録日から課税事業者となり、消費税の申告が義務となります。適格請求書発行事業者、課税事業者および免税事業者の関係をまとめると次の図の通りであり、適格請求書発行事業者となった場合に、現状が免税事業者であっても自ずと課税事業者となる点に留意が必要です。

登録前の状況	適格請求書発行事業者の登録	
	あり	なし
課税事業者	（A）消費税申告義務あり	（B）消費税申告義務あり
免税事業者	（C）消費税申告義務あり	（D）消費税申告義務なし

Tips

施設ごとではなく法人単位での判断が必要

　社会福祉法人の場合、施設または事業所ごとに会計単位が設定されますが、適格請求書発行事業者への登録は、施設または事業所ごとではなく法人単位での登録が行われます。したがって、就労継続支援事業所等において適格請求書発行事業者への登録の必要性があり、登録を行った法人では、他の施設においても適格請求書等の交付義務が生じます。

---

[1]新消法 30①

Q9 課税事業者は、自ずと適格請求書発行事業者となるのでしょうか。

A 適格請求書発行事業者に登録するか否かは任意で、消費税申告をしている場合でも適格請求書発行事業者となるには登録が必要です。

解説

1 登録制度

　適格請求書を発行する事業者は、所轄の税務署長に適格請求書発行事業者の登録申請書を提出し、適格請求書発行事業者として登録を受ける必要があります。登録を受けるのは課税事業者に限られます[1]（→ **Q10**）。登録された日より適格請求書発行事業者となり、適格請求書を発行することができます。

2 売り手としての判断

　消費税を申告している課税事業者は、適格請求書発行事業者に必ず登録する必要がある、あるいは自ずと適格請求書発行事業者になると考えがちです。しかし、適格請求書は原則、売り手が交付するものですから、課税事業者であるかどうかの視点ではなく、売り手として適格請求書発行事業者の登録の必要性、登録後の義務、事務的な負担等の総合的な判断が必要です（→ **Q7**）。

　なお、消費税申告をしている社会福祉法人において、主に、課税事業者以外の消費者が福祉サービスの提供先である場合には、適格請求書発行の必要性が乏しく、適格請求書発行事業者とならない、という判断もあります。

---

[1]新消法 9①

実務編

Q10 適格請求書発行事業者の登録申請の手続と期限について教えてください。

A 適格請求書発行事業者になるには、「適格請求書発行事業者の登録申請書（以下、「登録申請書」）」（→資料編 P.80）を所轄の税務署長に提出することが必要です。令和5年9月30日までに登録申請書を提出することで、令和5年10月1日を登録日として適格請求書発行事業者の登録を受けることになります。

解説

登録申請書の提出と期限

　適格請求書発行事業者になるには、登録申請書を所轄の税務署長に提出することが必要です。

　提出方法は、書面のほか、国税電子申告・納税システム（e-Tax）による提出も認められています。なお、書面で提出する場合、郵送先は各国税局のインボイス登録センターです。

　令和5年10月1日より適格請求書発行事業者になるには、原則として、令和5年3月31日までに登録申請書を提出することが必要とされ、困難な事情により令和5年3月31日までに登録申請書を提出できなかった場合には、「困難な事情」を登録申請書に記載して提出することになっていました。

　しかし、令和5年度税制改正の大綱により、登録申請書への「困難な事情」の記載がなくとも、その記載を求めないこととされ[1]、登録申請手続が柔軟化されました。

　したがって、令和5年9月30日までに登録申請書を提出することで、令和5年10月1日を登録日として適格請求書発行事業者の登録を受けることになります。

Tips

インボイス制度導入前における契約書・請求書等への登録番号の記載

　適格請求書発行事業者として登録番号の通知を受けた場合、インボイス制度導入前であっても、区分記載請求書等に登録番号を記載することができます[2]。インボイス制度導入前に適格請求書等の記載事項を満たした請求書等にしておくことが望ましいでしょう。

Tips

令和5年10月1日より後の登録申請

　インボイス制度導入後である令和5年10月1日より後に登録申請を行う場合、いつから適格請求書発行事業者となるかは以下の通りです。

❶ 課税事業者が登録申請をする場合

　課税事業者が登録申請をし、登録を受けた場合は、課税期間の途中であっても登録日から適格請求書発行事業者となります[3]。

❷ 免税事業者が登録申請をする場合[4]

　課税期間の初日から適格請求書発行事業者となるには、その課税期間の初日から15日前の日までに登録申請書を提出しなければなりません。

　また、適格請求書発行事業者の登録の経過措置（→ Q12 ）の適用により、課税期間の途中から適格請求書発行事業者となる場合、提出日から15日を経過する日以後の日を登録希望日として登録申請書に記載して提出することになります。この場合、実際に登録を受けた日が登録希望日より後であっても、登録希望日から適格請求書発行事業者となります。

---

[1]令和5年度税制改正大綱　四1(4)注　　[2]インボイスQ&A問66　　[3]インボイスQ&A問6　　[4]令和5年度税制改正大綱　四1(4)①、③

Q11 適格請求書発行事業者の登録を受けると、どのように通知・公表がされるのでしょうか。

A 適格請求書発行事業者の登録を受けると、所轄の税務署長から書面または電子データにて登録通知書が送付されます。登録を受けた法人の情報は国税庁のウェブサイト「国税庁適格請求書発行事業者公表サイト」（以下、「公表サイト」）に掲載されます。

解説

1 登録の通知

適格請求書発行事業者の登録申請を受けた所轄の税務署長は、登録拒否要件に該当しない場合には、適格請求書発行事業者登録簿に法定事項を登載して登録し、登録を受けた法人に登録の通知をすることとされています[1]。

通知方法は、法人が登録申請書を e-Tax により提出し、電子データによる登録の通知を希望した場合は登録通知書が電子データで送付され、その他の場合は書面にて送付されます[2]。

なお、申請から登録の通知を受けるまでの期間については、公表サイトに掲載されています（→ Q34 ）。

2 公表

適格請求書発行事業者の登録を受けた法人の情報は、公表サイトで公表されます。公表される事項は以下の通りです[3]。

【公表される事項】

①適格請求書発行事業者の名称
②登録番号（Ｔ（ローマ字）＋法人番号）[4]
③登録年月日
④本店または主たる事務所の所在地
⑤登録取消年月日、登録失効年月日

Tips

登録番号の構成について[5]

① 法人番号を有する課税事業者

「T」(ローマ字)＋法人番号(数字 13 桁)

② ①以外の課税事業者(個人事業者、人格のない社団等)

「T」(ローマ字)＋数字 13 桁

※一度付番された登録番号は、変更することができません。

※②の場合、13 桁の数字には、マイナンバー(個人番号)は用いず、法人番号とも重複しない事業者ごとの番号となります。

(参考)登録番号の記載例

T1234567890123

T-1234567890123

※請求書等への表記に当たり、半角・全角は問わないこととされています。

---

[1]新消法 57 の 2③④⑤　　[2]インボイス Q&A 問 3　　[3]新消法 57 の 2④⑪、新消令 70 の 5①、インボイス Q&A 問 2　　[4]インボイス通達 2-3　　[5]インボイス Q&A 問 19

Q12 免税事業者が令和5年度から令和11年度の間に適格請求書発行事業者の登録を受けた場合、いつから消費税の申告が必要ですか。

 免税事業者が令和5年度から令和11年度の間に適格請求書発行事業者の登録を受けた場合、課税期間の途中であっても登録日から課税事業者となります。そのため、登録日の属する課税期間から消費税の申告が必要となります。

解説

1 課税事業者になるための届出

　適格請求書発行事業者に登録できるのは、課税事業者に限られています[1]。そのため、免税事業者が適格請求書発行事業者となるには、原則、「消費税課税事業者選択届出書（以下、「選択届出書」）」（→資料編 P. 85）の提出が必要です。

　ただし、令和5年度から令和11年度の間に免税事業者が適格請求書発行事業者の登録を受けた場合には、課税期間の途中であっても、登録日から課税事業者となる経過措置があります。この経過措置の適用を受ける場合、選択届出書の提出は不要です[2]。免税事業者が令和5年10月1日より前に登録の通知を受けた場合でも、登録日は令和5年10月1日となり、この経過措置の対象となります。

　ただし、次のような場合には、原則通り、課税事業者となる課税期間の初日の前日までに選択届出書の提出が必要です[3]。

　①令和5年4月1日から課税事業者となることを選択する場合

　②令和12年度以後（上記経過措置終了後）に適格請求書発行事業者の登録を受ける場合

2 消費税の申告

　上記 **1** の経過措置の適用を受ける場合、登録日から課税事業者となるため、登録日の属する課税期間から消費税の申告が必要となります。なお、登録日の属する課税期間においては、登録日から課税期間末日までの期間について、消費税の申告が必要です[4]。

【例：令和 5 年 3 月 31 日に適格請求書発行事業者の登録申請をした場合】

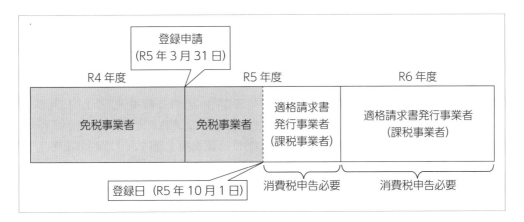

実務編　Ⅲ　インボイス制度の登録

Tips

課税事業者の選択の取りやめ

　免税事業者が課税事業者となる選択をした場合、原則、課税事業者となった課税期間の初日から 2 年間は免税事業者に戻ることはできません（2 年縛り）[5]。ただし、令和 5 年度に適格請求書発行事業者の登録を受けた場合のみ、この 2 年縛りの対象外となります[6]。

> **Tips**
>
> ## 2 割特例
>
> 　インボイス制度導入に伴って免税事業者から課税事業者となった事業者については、令和5年度から令和8年度の間、消費税の納税額を課税売上に係る消費税額の2割とする措置（2割特例）がとられることになりました[7]。事前の手続は不要であるため、消費税の申告時に原則課税（または簡易課税制度）と2割特例のどちらか有利なほうを選択して適用することになります。
>
> 　社会福祉法人が簡易課税制度を適用する場合、納税額は課税売上に係る消費税額の5割となるケースが多いため（→ Q1 ）、簡易課税制度よりも2割特例が有利になると考えられます。
>
> 　ただし、2割特例が適用できるのは、基準期間における課税売上高が1,000万円以下の課税期間のみとなります。また、基準期間における課税売上高が1,000万円以下であっても、特定期間における課税売上高により課税事業者となる場合（→ Q3 1（2））や原則課税で高額特定資産の仕入れを行った場合の課税事業者の3年縛りの適用がある場合等、インボイス制度の下でなくとも課税事業者となる場合は、2割特例の対象外であるため注意が必要です。

[1]新消法57の2①、インボイスQ＆A問1　　[2]28年改正法附則44④、インボイス通達5-1　　[3]消法9④　　[4]28年改正法附則44④、インボイス通達5-1、インボイスQ＆A問8　　[5]消法9⑥　　[6]インボイスQ＆A問8　　[7]令和5年度税制改正大綱　四1(1)

Q13 免税事業者が適格請求書発行事業者の登録を受け、課税事業者となった場合、簡易課税制度を適用するにはどのような手続が必要でしょうか。

A 簡易課税制度（→ **Q1** ）を適用するには、「消費税簡易課税制度選択届出書」（以下、「簡易課税選択届出書」）（→資料編 P.87）の提出が必要です。適用開始期間については、特例措置が設けられています。

解 説

簡易課税制度の適用方法

　簡易課税制度を適用するには、簡易課税選択届出書を所轄の税務署長に提出しなければなりません。適用開始期間は、原則、提出日の属する課税期間の翌課税期間からとなっています[1]。

　ただし、免税事業者が、適格請求書発行事業者の登録の経過措置（→ **Q12** ）により登録日から課税事業者となり、登録日の属する課税期間中に簡易課税選択届出書を提出した場合には、登録日の属する課税期間から簡易課税制度を適用できる特例措置が設けられています。

【例：令和5年10月1日が登録日で、令和5年度から簡易課税制度を適用する場合】

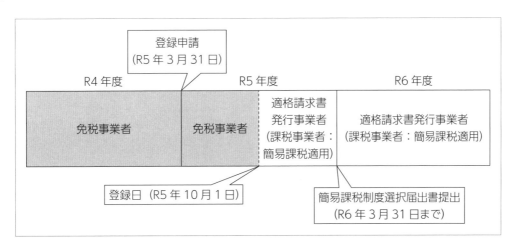

31

> **Tips**
>
> ## 簡易課税制度の 2 年縛り
>
> 　簡易課税制度は、原則、2 年間継続して適用した後でなければ取りやめることができません[2]。インボイス制度導入に伴って、課税事業者の 2 年縛りには特例がありますが（→ Q12 ）、簡易課税制度については特例がありません。したがって、原則通り、2 年間継続して適用する必要があります。

---

[1]消法 37①　　[2]消法 37⑥

Q14 適格請求書発行事業者の登録を受けましたが、やめる場合はどうしたらよいですか。

A 　「適格請求書発行事業者の登録の取消しを求める旨の届出書」（以下、「取消届出書」）（→資料編 P.84）を、所轄の税務署長に提出することで登録を取りやめることができます。また、適格請求書発行事業者でなくなった旨を提供先（買い手）に通知することが必要です。

解説

1 取消届出書の提出

　適格請求書発行事業者は、取消届出書を所轄の税務署長へ提出することで、適格請求書発行事業者の登録を取りやめることができます[1]。その場合、原則として、取消届出書の提出日の属する課税期間の翌課税期間から適格請求書発行事業者ではなくなります[2]。ただし、取消届出書提出日の属する課税期間の末日から起算して、15日前の日までに取消届出書を提出していない場合、適格請求書発行事業者でなくなるのは、翌課税期間ではなく、翌々課税期間になりますので、注意してください[3]。

　また、適格請求書発行事業者の登録を取りやめた場合は、提供先（買い手）が仕入税額控除において影響を受ける場合がありますので、提供先（買い手）に適格請求書発行事業者でなくなった旨を通知することが必要になります。

【例1：取消届出書提出日の翌課税期間から適格請求書発行事業者でなくなる場合】

【例2：取消届出書提出日の翌々課税期間から適格請求書発行事業者でなくなる場合】

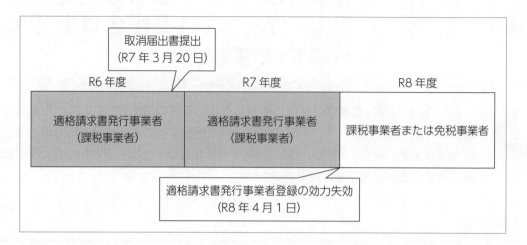

2　免税事業者に戻るには

　適格請求書発行事業者は課税事業者です。そのため、適格請求書発行事業者の登録を取りやめて、さらに免税事業者に戻るには、原則として、「消費税課税事業者選択不適用届出書」（→資料編P.86）の提出が必要です。

　ただし、インボイス制度導入に伴う適格請求書発行事業者の登録の経過措置（→ Q12 ）により適格請求書発行事業者となった場合には、「消費税課税事業者選択届出書」の提出をしていないため、「消費税課税事業者選択不適用届出書」の提出は不要となります。

　なお、課税事業者の2年縛りの適用がある場合（→ Q12 Tips ）、適格請求書発行事業者の登録を取りやめても、課税事業者となった課税期間の初日から2年間は課税事業者を取りやめることはできないため、注意が必要です。

---

[1]新消法57の2⑩一、インボイスQ&A問14　　[2]新消法57の2⑩一、インボイスQ&A問14　　[3]令和5年度税制改正大綱　四1(4)②

Q15 売り手の立場で、インボイス制度導入にむけて、事前にどのような準備が必要でしょうか。

A　インボイス制度が始まると、サービスを提供する売り手としては、課税事業者である提供先（買い手）に求められれば適格請求書を発行する義務が生じます。そこで、適格請求書の様式の決定、交付方法の決定および保存方法の決定が必要です。また、必要に応じ提供先（買い手）へこれらの通知をすることを検討します。

解説

1 適格請求書の様式の決定

（1）適格請求書の記載事項

　適格請求書には、記載すべき事項が定められています[1]。インボイス制度が始まるまでの現行制度では、仕入税額控除をするために「区分記載請求書」が必要ですが、適格請求書との記載すべき事項の違いは次の表の通りです。

【各請求書の記載事項】

	区分記載請求書の記載事項	適格請求書の記載事項	適格「簡易」請求書の記載事項
①	請求書等の発行者の氏名または名称	適格請求書発行事業者の氏名または名称および登録番号	同左
②	取引年月日	同左	同左
③	取引内容（軽減税率対象品目である場合にはその旨）	同左	同左
④	取引金額（税率区分ごとの合計請求額）	課税資産の譲渡等の税抜価額または税込価額を税率ごとに区分して合計した金額および適用税率	課税資産の譲渡等の税抜価額または税込価額を税率ごとに区分して合計した金額
⑤	——	税率ごとに区分した消費税額等	税率ごとに区分した消費税額等または適用税率
⑥	請求書等の受領者の氏名または名称	同左	不要

　これまで区分記載請求書を発行していた法人であれば、新たに適格請求書に記載する事項は、上記表の「適格請求書の記載事項」列における①、④、⑤の事項です。

【適格請求書の記載例[2]】

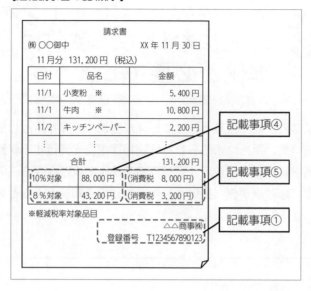

（2）適格簡易請求書

　適格請求書発行事業者が、不特定かつ多数の者にサービスの提供を行う場合には、適格請求書に代えて、適格請求書の記載事項を簡易なものとした適格簡易請求書を交付することができます[3]。適格「簡易」請求書とは、不特定多数の取引先を対象とする事業において、「受領者の氏名または名称」の省略が認められた請求書です。
　　①小売業
　　②飲食店業
　　③写真業
　　④旅行業
　　⑤タクシー業
　　⑥駐車場業（不特定かつ多数の者に対するものに限ります）
　　⑦その他これらの事業に準ずる事業で不特定かつ多数の者に資産の譲渡等を行う事業

（3）適格請求書の様式

　適格請求書の様式は定められていません。**1**（1）に述べた事項が記載された書類等であれば、その名称を問わず適格請求書とすることができます[4]。提供先へ交付する書類等を時系列で記載すると次のものがあります。

> ・見積書
> ・契約書
> ・納品書
> ・請求書
> ・領収書
> ・レシート

　これらのうち、何を適格請求書とするかを決める必要がありますが、取引ごとに何を適格請求書とするかを使い分けすることが重要です。

❶ 領収書を適格請求書とする例

　請求書を発行せず、領収書を発行する次のような取引（窓口での対価の授受）

・利用料を窓口で収受する取引

・セミナー参加費を会場で収受する取引

❷ 見積書、納品書を適格請求書とする例

・自動引き落としの定めのある取引

❸ レシートを適格請求書とする例

・レジでレシートが発行される小売業

　また、適格請求書に必要な事項を1枚の書類にすべて記載する必要はありません。契約書や納品書等、複数の書類で適格請求書の記載事項を満たすことができます。

　そこで、法人が適格請求書の様式を決めるにあたり、請求書様式の変更（必要に応じシステム改修を含む）を行うのか、いわゆる「請求書」以外の書類（契約書や納品書等）で適格請求書に必要な事項を満たすのか、検討することが必要です。なお、請求書以外の書類で適格請求書の記載事項を満たす場合は、事前に提供先（買い手）と合意をとることが望ましいです。

2　交付方法と保存方法の決定

　適格請求書発行事業者は、課税事業者である提供先から求められた時には適格請求書を交付する必要があります。書類を交付することが定められていますが、交付に代えて「適格請求書にかかる電磁的記録」を提供することができます[5]。

　電磁的記録（以下、電子データ）とは、以下のことをいいます[6]。

・光ディスク、磁気テープ等記録用の媒体による提供

・EDI取引[7]による提供

・電子メールによる提供

・インターネット上のサイトを通じた提供

　また、適格請求書発行事業者には、交付した適格請求書または提供した適格請求書に係る電子データの保存が義務付けられています[8]。

　それぞれの保存方法は以下の通りです[9]。

【適格請求書の保存方法】

交付/提供　方法	保存方法
紙で交付をした場合	交付した書類の写し
	一貫して電子計算機を使用して作成した適格請求書の場合には、写しの電子データによる保存
電子データで提供した場合	電子帳簿保存法で定められた措置を講じたうえでの電子データの保存
	出力した書面を保存

電子帳簿保存法については、国税庁のホームページ「電子帳簿等保存制度特設サイト」参照

3 提供先（買い手）への通知

1と**2**で整理した適格請求書の様式、交付方法または提供方法、適格請求書発行事業者である旨および適格請求書発行事業者番号を提供先へ必要に応じ通知します。

---

[1]新消法 57 の 4①　　[2]インボイス Q&A 問 45　　[3]新消法 57 の 4②、新消令 70 の 11　　[4]インボイス通達 3-1　　[5]新消法 57の 4①、⑤　　[6]インボイス通達 3-2　　[7]企業間取引で発生する請求書等の帳票を電子化し、専用回線やインターネットを通じて行うやり取り　　[8]新消法 57 の 4①、⑤　　[9]新消法 57 の 4⑥、新消令 70 の 13①、新消規 26 の 8、インボイス Q&A 問 68

Q16 適格請求書発行事業者になった場合、すべての収入に適格請求書を交付する義務がありますか。

A 　課税売上取引についてのみ、適格請求書を交付します。なお、提供先（買い手）の求めがない場合は適格請求書を交付する義務はありません。

| 解 説 |

適格請求書の交付義務

　社会福祉法人の収入については、消費税の区分でいうと、課税売上、非課税売上、不課税売上とさまざまな種類があります。そのうち、適格請求書を交付する必要があるのは課税売上のみになります。

　第一種・第二種社会福祉事業に該当するものは原則非課税ですが、一部、課税となるものがあるので注意が必要です（→ Q4 ）。

　なお、適格請求書は、提供先（買い手）の求めに応じて交付する義務がありますので、求めがない場合は交付する必要はありません（→ Q7 ）。

> **Tips**
>
> ### 非課税と課税が混在する請求書
>
> 　介護報酬は原則非課税ですが、たとえば訪問介護や通所介護の自己選定による費用など、一部課税となる収入があります。その場合は、利用者に対して、非課税と課税が混在する請求書を交付することになります。
>
> 　このような、非課税売上と課税売上が混在する請求書についても、「登録番号」「適用税率」「消費税額」を記載し、適格請求書の記載事項を満たした請求書を交付する必要があります。なお、非課税売上の請求書と課税売上の請求書を分ける必要はありません。

Q17 令和5年10月1日から適格請求書発行事業者になりますが、いつから適格請求書を交付することになるのでしょうか。

 令和5年10月1日以後に行われる取引については、適格請求書の交付が必要です。そのため、令和5年10月1日より前に交付する請求書であっても、令和5年10月1日以後の取引が含まれているものについては、適格請求書の記載事項を満たさなければなりません。

解説

適格請求書の交付時期

　適格請求書発行事業者は、令和5年10月1日以後の取引について、提供先（買い手）の求めに応じ、適格請求書を交付する義務があります。ここで注意したいのは、令和5年10月1日以後に交付する請求書を適格請求書にするのではなく、令和5年10月1日以後に行われる取引について適格請求書を交付するということです。

　たとえば、令和5年4月から令和6年3月までの1年分の受託金収入（課税取引）について、令和5年4月に請求書を交付する場合、その請求書には令和5年10月以後分も含まれています。この場合、以下のいずれかの方法で対応します[1]。

　①令和5年4月に交付する請求書で、適格請求書の記載事項を満たす

　②令和5年4月に交付する請求書はこれまで通りの様式で交付し、適格請求書の記載事項である「登録番号」「適用税率」「消費税額」は、後日、書面や電子データで通知する

---

[1]池永晃造編『消費税インボイス制度の実務と Q&A』（一般財団法人大蔵財務協会）P.111-112

Q18 適格請求書発行事業者にならなかった場合、交付する請求書の記載事項はどうなるのでしょうか。

A 適格請求書発行事業者にならなかった場合でも、令和5年10月1日から令和11年9月30日までの課税取引では、買い手から区分記載請求書を求められることがあります。その際、区分記載請求書には消費税額等を記載することができます。

解説

1 適格請求書発行事業者でない事業者からの仕入税額控除の経過措置

　インボイス制度が始まると、売り手が適格請求書発行事業者ではない場合、買い手が売り手に商品やサービスの代金を支払っても、仕入税額控除をすることができません。ただし、令和5年10月1日から令和11年9月30日の間に行われる課税取引では、下記の通り一定の割合を仕入税額とみなして、仕入税額控除ができる経過措置が設けられています。

【経過措置適用期間と控除できる割合】

期間	R 5/10/1〜R 8/9/30	R 8/10/1〜R 11/9/30
控除できる割合	仕入税額相当額の80%	仕入税額相当額の50%

2 区分記載請求書の記載事項

　買い手が **1** の経過措置の適用を受けるには、区分記載請求書の保存が必要とされています。
　したがって、適格請求書発行事業者にならなかった場合、令和11年9月30日までに行う課税取引については、上記経過措置の適用を受けることができるよう、買い手から売り手に区分記載請求書の発行を求めることが想定されます[1]。

【区分記載請求書の記載事項】

①請求書等の発行者の氏名または名称
②取引年月日
③取引内容（軽減税率対象品目である場合にはその旨）
④取引金額（税率区分ごとの合計請求額）
⑤請求書等の受領者の氏名または名称

　区分記載請求書の記載事項の内、③（軽減税率対象品目である場合にはその旨）と④（税率区分ごとの合計請求額）の記載がない場合に限り、受領者が自ら追記して保存することが認められています。

3 区分記載請求書に消費税を記載することの可否

　区分記載請求書には取引金額が、適格請求書には税抜取引価額または税込取引価額、消費税額等および適用税率が記載事項とされています。

　免税事業者が交付する請求書等に「消費税額」を記載することに、消費税法上、特段の制限はなく[2]、課税事業者および免税事業者ともに区分記載請求書に取引金額と消費税額等の記載をすることは可能です。

---

[1]インボイスQ&A問99　　[2]池永晃造編『消費税インボイス制度の実務とQ＆A』（一般財団法人大蔵財務協会）P.10

Q19 免税事業者です。買い手から適格請求書発行事業者になるように要請されましたが、応じる必要がありますか。

A 　適格請求書発行事業者の登録は任意なので、買い手からの要請に必ず応じなければならないものではありません。また、取引条件の交渉や契約の締結は当事者間で自由に行われるべきもので、買い手から適格請求書発行事業者になるように要請を受けること自体が問題になることはありません。

解説

Q24 の解説を参照ください。

Q20 免税事業者です。買い手から価格交渉の要請がありましたが、応じる必要がありますか。

 　取引条件の交渉や契約の締結は当事者間において、自由に行われるべきもので、買い手からの価格交渉の要請に必ず応じなければならないものではありません。また、買い手から価格交渉を受けること自体が問題になることもありません。

解説

Q25 の解説を参照ください。

Q21 買い手の立場で、仕入税額控除を受けるための事前準備はどのようなことが必要ですか。

A 　帳簿記載のみで仕入税額控除の要件を満たす取引と、適格請求書の保存が必要な取引を整理するとともに、仕入先が適格請求書発行事業者であるかどうか、どのような様式、方法で適格請求書が交付されるかの確認が必要です。

解説

1　仕入税額控除の要件および帳簿、適格請求書等の記載事項

令和5年10月1日から開始されるインボイス制度では、帳簿および適格請求書等の保存が仕入税額控除の要件とされています。保存すべき適格請求書等は以下の通りです[1]。

【インボイス制度で保存すべき適格請求書等】

・適格請求書
・適格簡易請求書
・仕入明細書、仕入計算書その他これに類する書類（相手方に確認を受けたものに限る）
・電子データ（適格請求書、適格簡易請求書、仕入明細書等の記載事項に係るもの）

なお、請求書等の発行を受けることが難しい一定の取引については、下記の内容を記載した帳簿のみの保存で仕入税額控除が認められます（→ Q28 ）。保存する帳簿に記載する事項と適格請求書の記載事項とを比較すると次の図の通りです。

【インボイス制度における帳簿、適格請求書の記載事項】

インボイス制度における帳簿記載事項	適格請求書の記載事項
課税仕入れの相手方の氏名または名称	適格請求書発行事業者の氏名または名称および登録番号
課税仕入れを行った年月日	取引年月日
課税仕入れに係る資産または役務の内容（軽減税率対象品目である場合には、資産の内容およびその旨）	取引内容（軽減税率対象品目である場合にはその旨）
課税仕入れに係る支払対価の額	税抜取引価額または税込取引価額を税率区分ごとに合計した金額および適用税率
――	税率ごとに区分した消費税額等
――	請求書等の受領者の氏名または名称

2 入手した適格請求書の保存方法

適格請求書の交付または提供を受けた場合には、受領した方法ごとに、下記のように保存します[2][3]。

【適格請求書の保存方法】

受領方法	保存方法
紙で交付を受けた場合	受領した書面を保存
	スキャンして電子データで保存
電子データで提供を受けた場合	電子帳簿保存法で定められた措置を講じた電子データの保存
	出力した書面を保存

電子データで受領した場合に出力した書面を保存することは、適格請求書等保存方式では認められます。

3 仕入先（売り手）への確認

適格請求書発行事業者であるかどうかにより、仕入税額控除の金額が異なるので、仕入先に確認します。適格請求書発行事業者の場合には、交付または提供方法を確認し、受領方法ごとの保存方法を決めておく必要があります。

Tips

按分仕訳と帳簿記載要件

　社会福祉法人では1取引を複数拠点、複数セグメントで按分する取引が多くあります。そこで、按分仕訳における帳簿記載要件を整理してみます。消費税法における帳簿とは「記載事項を記録したものであればよい」と定められています[4]。社会福祉法人では、主要簿である総勘定元帳、仕訳日記帳に記載することが想定され、これら主要簿は拠点単位で作成されます。また、帳簿記載事項である「課税仕入れに係る支払対価の額」は消費税込みの金額です[5]。以上のことから、拠点単位の主要簿に「課税仕入れに係る支払対価の額」を記載する、と整理できます。

❶「課税仕入れに係る支払対価の額」に拠点間の按分が生じる場合

　下記の会計処理のように、取引に係る会計処理と按分の会計処理を分けることにより「課税仕入れに係る支払対価の額」1,100,000円を主要簿に記載することができます。

取引例

課税仕入れの相手方：A株式会社
課税仕入れを行った年月日：〇年〇月〇日
課税仕入れに係る資産または役務の内容：人材派遣費用
課税仕入れに係る支払対価の額：1,100,000円
取引額：1,000,000円（費用科目を派遣職員費とする）
消費税等：100,000円
按分割合：A拠点で全額支払いを行い80％負担、B拠点で20％の負担。

A 拠点　仕訳①

派遣職員費の支払い時の会計処理（未払金計上なし）

借方		貸方	
科目	金額	科目	金額
派遣職員費	1,100,000	現金預金	1,100,000
取引先：A株式会社			
取引年月日：〇年〇月〇日			
摘要：人材派遣費用　〇月分			

A 拠点　仕訳②

派遣職員費の按分時の会計処理

借方		貸方	
科目	金額	科目	金額
B拠点区分貸付金	220,000	派遣職員費	220,000
取引先：			
取引年月日：〇年〇月〇日			
摘要：人材派遣費用　〇月分　20％按分			

B 拠点　仕訳③

派遣職員費の按分時の会計処理

借方		貸方	
科目	金額	科目	金額
派遣職員費	220,000	A拠点区分借入金	220,000
取引先：			
取引年月日：〇年〇月〇日			
摘要：人材派遣費用　〇月分　20％按分			

⇒仕訳①で「課税仕入れに係る支払対価の額」1,100,000円を主要簿に記載する、の要件を満たすことができます。

❷「課税仕入れに係る支払対価の額」にサービス区分間の按分が生じる場合

　上記の会計処理の他、主要簿が同一拠点内で作成されるため、下記の方法でも 1,100,000 円を主要簿に記載することができます。

【取引例】

課税仕入れの相手方：A 株式会社
課税仕入れを行った年月日：○年○月○日
課税仕入れに係る資産または役務の内容：人材派遣費用
課税仕入れに係る支払対価の額：1,100,000 円
取引額：1,000,000 円（費用科目を派遣職員費とする）
消費税等：100,000 円
按分割合：A 拠点 C サービス区分で全額支払いを行い 80％負担、D サービス区分で 20％の負担。

A　拠点　仕訳①					
派遣職員費の支払い時の会計処理（未払金計上なし）					
借方			貸方		
科目		金額	科目		金額
派遣職員費	C サービス区分	880,000	現金預金		1,100,000
派遣職員費	D サービス区分	220,000			
取引先：A 株式会社					
取引年月日：○年○月○日					
摘要：人材派遣費用　○月分					

⇒仕訳①で A 拠点の主要簿に、「課税仕入れに係る支払対価の額」として、1,100,000 円記載され要件を満たすことができます。

Q22 仕入先が適格請求書発行事業者でない場合、消費税額分をこちらが負担しなければならないのでしょうか。

　インボイス制度がスタートすると、適格請求書がない課税仕入れは仕入税額控除ができないので、買い手の負担が増えることになります。ただし、令和11年9月まで経過措置が設けられています。

解説

1　経過措置と影響額

　インボイス制度では、原則、適格請求書発行事業者以外からの仕入れについては、仕入税額控除を行うことができません。ただし、制度開始から一定期間は消費税額の一定割合を控除できる経過措置が設けられています[1]。

【経過措置適用期間と控除できる割合】

期間	R5/10/1〜R8/9/30	R8/10/1〜R11/9/30
控除できる割合	仕入税額相当額の80%	仕入税額相当額の50%

　適格請求書がないと、取引額を1,000,000円とした場合に、それぞれの期間における買い手側の影響額は次のようになります。

　また、影響額は、会計処理方法として税込経理を採用している社会福祉法人の場合、期末の消費税精算時において「租税公課」の勘定科目で事業活動計算書に反映されます（→ Q33 ）。

【経過措置の影響額】　　　　　　　　　　　　　　　　　　　　　　　　単位：円

		R5/9/30まで	R5/10/1以降	R8/10/1以降	R11/10/1以降
①	適格請求書発行事業者以外からの仕入れ	全額控除可能	80%控除	50%控除	控除不可
②	取引額	1,000,000	1,000,000	1,000,000	1,000,000
③	消費税額	100,000	100,000	100,000	100,000
④	合計支払額（②＋③）	1,100,000	1,100,000	1,100,000	1,100,000
⑤	控除　消費税額	100,000	80,000	50,000	0
⑥	控除不能消費税額（③-⑤）	0	20,000	50,000	100,000

2 経過措置を受けるための要件

経過措置の適用を受けるためには、次の2つの要件を満たす必要があります。
・帳簿に一定事項の記載があること
・区分記載請求書の保存

(1) 帳簿に記載する一定事項

買い手が経過措置の適用を受けるには、これまでの区分記載請求書等保存方式における帳簿記載事項に加え、インボイス制度において、「経過措置の適用を受ける課税仕入れである旨」の記載が必要となります。「経過措置の適用を受ける課税仕入れである旨」の記載とは、「免税事業者からの仕入れ」や「80％控除対象」などの記載の他、記号、番号による記載も可能とされています[2]。

【経過措置適用のための帳簿記載事項】

区分記載請求書等保存方式における 帳簿記載事項	(参考) 適格請求書等保存方式における 帳簿記載事項
課税仕入れの相手方の氏名または名称	課税仕入れの相手方の氏名または名称
課税仕入れを行った年月日	課税仕入れを行った年月日
課税仕入れに係る資産または役務の内容（軽減税率対象品目である場合には，資産の内容およびその旨）および<u>経過措置の適用を受ける課税仕入れである旨</u>	課税仕入れに係る資産または役務の内容（軽減税率対象品目である場合には，資産の内容およびその旨）
課税仕入れに係る支払対価の額	課税仕入れに係る支払対価の額

(2) 区別記載請求書の保存

経過措置の適用を受けるには、区分記載請求書（電子データを含む）の保存が必要とされています[2]。
区分記載請求書に記載する事項は以下の通りです。

【区分記載請求書の記載事項】

①請求書等の発行者の氏名または名称
②取引年月日
③取引内容（軽減税率対象品目である場合にはその旨）
④取引金額（税率区分ごとの合計請求額）
⑤請求書等の受領者の氏名または名称

なお、区分記載請求書については、上記表の③（軽減税率対象品目である場合にはその旨）と④（税率区分ごとの合計請求額）の記載がない場合に限り、買い手が追記して保存すること

が認められています。

> **Tips**
>
> ### 消費税コードによる「経過措置の適用を受ける課税仕入れである旨」の記載
>
> 「経過措置の適用を受ける課税仕入れ」の消費税コードを設け、消費税コードが主要簿に記載され、かつ、コード説明書に「経過措置の適用を受ける課税仕入れである旨」が明示されている場合には、帳簿に記載する一定事項を満たすものと考えます。記号、番号による記載も可能とされ、消費税コードは番号に該当すると考えられるからです。

---

[1]インボイス Q&A 問 101　　[2]インボイス Q&A 問 89

Q23 仕入先が適格請求書発行事業者かどうか確認する必要がありますか。

 適格請求書の交付依頼、買い手としての事前準備、経過措置への対応などの3つの観点から仕入先が適格請求書発行事業者かどうかの確認が必要です。

解　説

1 適格請求書の交付依頼

　適格請求書発行事業者は、課税取引に対して、課税事業者である相手方（買い手）の求めに応じて適格請求書を交付する義務を負います。したがって、課税事業者である買い手は、仕入先（売り手）が適格請求書発行事業者であるか確認し、適格請求書の交付を依頼する必要があります。

2 買い手としての事前準備

　仕入先が適格請求書発行事業者であるかどうかにより、仕入税額控除の金額が異なるので、仕入先が適格請求書発行事業者であるかの確認が必要です。適格請求書発行事業者である場合には、交付または提供方法を確認し、受領方法ごとの保存方法を決めておく必要があります（→ Q21 ）。

3 経過措置への対応

　インボイス制度では、原則、適格請求書発行事業者以外からの仕入れについては仕入税額控除を行うことができませんが、制度開始から一定期間は消費税額の一定割合を控除できる経過措置が設けられています（→ Q22 ）。経過措置対応が必要かという観点からも適格請求書発行事業者であるかの確認が必要です。

Q24 仕入先に適格請求書発行事業者になるように要請することは可能ですか。

 取引条件の交渉や契約の締結は当事者間において自由に行われるべきもので、仕入先に適格請求書発行事業者になるように要請すること自体は問題ではありません。

解説

1 適格請求書発行事業者への登録要請

仕入先が免税事業者の場合、買い手は適格請求書を受領できず、仕入税額控除を適用できません。そこで適格請求書発行事業者になるように免税事業者に要請することが想定されますが、それ自体に問題はありません。ただし、売り手と買い手間で、どちらか一方が優越的地位を有している場合、相手が一方的に不利になりやすい場合が考えられます。当事者間で十分な協議を行わず、例えば「課税事業者にならなければ取引価格を引き下げる」または、「応じなければ取引を打ち切る」などと一方的に通告することは優越的地位の濫用として、独占禁止法上問題となる恐れがあるとされています[1]。

インボイス制度後の免税事業者との取引に係る下請法等の考え方

【事例3】

○ 課税事業者が、取引先である免税事業者に対して、**課税転換を求めた。**

○ その際、「インボイス事業者にならなければ、**消費税分はお支払いできません。** 承諾いただけなければ**今後のお取引は考えさせていただきます。**」という文言を用いて要請を行った。また、**要請に当たっての価格交渉にも応じなかった。**

① 要請文書発出

いきなり何だろう…？

取引先A（免税事業者）

取引先B（免税事業者）

うちは免税事業者との取引が多いし、とりあえず、**課税事業者になってもらおう**

② 要請文書には…

通告
インボイス事業者にならなければ、消費税分はお支払いできません。承諾いただけなれば今後のお取引は考えさせていただきます。

③ 価格交渉（免税事業者のままのAさんの場合）

免税事業者のままでも、価格を据え置いてもらえませんか…？

免税のままなら10%価格を引き下げます！ それがいやなら今後の取引は考えさせていただきます。

わかりました…

③' 価格交渉（課税転換するBさんの場合）

（取引を切られるのは困る…！）
課税事業者になります！

ありがとうございます。では、今まで通りの金額でお願いします。

課税転換するのに、**価格交渉もさせてくれないんですね…**

➤それ、**独占禁止法上問題**となるおそれがあります！

課税事業者になるよう要請すること自体は独占禁止法上問題になりませんが、それにとどまらず、**課税事業者にならなければ取引価格を引き下げる**、それにも**応じなければ取引を打ち切る**などと**一方的に通告する**ことは、独占禁止法上問題となるおそれがあります。また、**課税事業者となるに際し、価格交渉の場において明示的な協議なしに価格を据え置く場合**も同様です。

2 値上げの価格交渉

　要請に応じて適格請求書発行事業者になった元免税事業者は、あらたに課税事業者になったことにより、納税による消費税額の負担が増えることが想定されます。値上げの価格交渉に応じず一方的に据え置くことは、下請法違反となる恐れがあるとされています[2]。

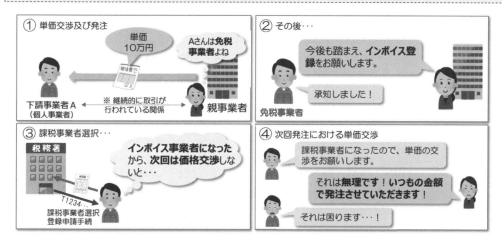

インボイス制度後の免税事業者との取引に係る下請法等の考え方

【事例2】
○ 継続的に取引関係のある下請事業者と、免税事業者であることを前提に「単価10万円」で発注を行った。

○ その後、今後の取引があることを踏まえ、下請事業者に課税転換を求めた。結果、下請事業者が課税事業者となったにもかかわらず、その後の価格交渉に応じず、一方的に単価を据え置くこととした。

① 単価交渉及び発注
単価10万円
Aさんは免税事業者よね
下請事業者A（個人事業者）
※継続的に取引が行われている関係
親事業者

② その後…
今後も踏まえ、インボイス登録をお願いします。
承知しました！
免税事業者

③ 課税事業者選択…
税務署
インボイス事業者になったから、次回は価格交渉しないと…
T1234…
課税事業者選択登録申請手続

④ 次回発注における単価交渉
課税事業者になったので、単価の交渉をお願いします。
それは無理です！いつもの金額で発注させていただきます！
それは困ります…！

➤それ、下請法違反となるおそれがあります！

下請事業者が課税事業者になったにもかかわらず、免税事業者であることを前提に行われた単価からの交渉に応じず、一方的に従来どおりに単価を据え置いて発注する行為は、下請法第4条第1項第5号で禁止されている「買いたたき」として問題になるおそれがあります。

[1]免税事業者及び取引先のインボイス制度への対応に関するQ&A　事例3（令和4年1月19日　財務省　公正取引委員会　経済産業省　中小企業庁　国土交通省）　[2]免税事業者及び取引先のインボイス制度への対応に関するQ&A　事例2（令和4年1月19日財務省　公正取引委員会　経済産業省　中小企業庁　国土交通省）

Q25 適格請求書発行事業者でない仕入先に、値下げの価格交渉をすることは可能ですか。

 取引条件の交渉や契約の締結は当事者間において、自由に行われるべきもので、適格請求書発行事業者でない仕入先に価格交渉すること自体は問題ありません。

解説

値下げ要請

　仕入先が適格請求書発行事業者でない場合、買い手は適格請求書を受領できず仕入税額控除を適用できないため、買い手が仕入先に値下げを要請することが想定されますが、それ自体に問題はありません。

　ただし、取引完了後の支払い手続段階で、仕入先が適格請求書発行事業者でないことが判明したことを理由に、交渉なしに、消費税相当額を支払わない行為は下請法違反となります[1]。

仕入先が、適格請求書発行事業者でない課税事業者の場合も同様と考えられます。

---

[1]免税事業者及び取引先のインボイス制度への対応に関するQ&A　事例1（令和4年1月19日　財務省　公正取引委員会　経済産業省　中小企業庁　国土交通省）

Q26 仕入先からの請求書ではなく、支払通知書を交付して支払いを行っていますが、インボイス制度では請求書をもらうことになりますか。

 インボイス制度においても、買い手が仕入明細書等を仕入先に交付または電子データで提供し、相手方の確認を受けたものは、仕入税額控除の適用を受けるための適格請求書等に該当するため、別途請求書をもらう必要はありません。

解説

1 適格請求書等に該当する書類

　社会福祉法人においては、給食材料の納入に仕入明細書を発行したり、研修会の講師謝礼として支払通知書を発行したりすることにより、相手から請求書をもらわずに支払いを行う取引があります。

　インボイス制度においても、売り手が交付する適格請求書だけではなく、買い手が交付する仕入明細書等は、仕入税額控除の適用を受けるための適格請求書等に該当します。

　具体的には次の通りに定められています[1]。

（1）売り手が交付する適格請求書等

　売り手である事業者が、その行った課税売上げについて、買い手である事業者に交付する請求書、納品書その他これらに類する書類で一定の事項が記載されているものは適格請求書等となります。

（2）買い手が交付する仕入明細書等

　買い手である事業者が、その行った課税仕入れにつき作成する仕入明細書、仕入計算書その他これらに類する書類で一定の事項が記載されているもので、相手方の確認を受けたものは適格請求書等となります。

一定の事項とは、次の事項です。

---

①仕入明細書等の作成者の氏名または名称

②課税仕入れの相手方の氏名または名称および登録番号

③課税仕入れを行った年月日

④課税仕入れの内容（軽減税率の対象品目である場合にはその旨）

⑤税率ごとに区分して合計した課税仕入れに係る支払対価の額および適用税率

⑥税率ごとに区分した消費税額等

2　課税仕入れの相手方の確認を受ける方法

　仕入税額控除の適用を受けるための適格請求書等に該当する仕入明細書等は、相手方の確認を受けたものに限られます。「課税仕入れの相手方の確認を受けたもの」とは、保存する仕入明細書等に課税仕入れの相手方の確認の事実が明らかにされたもののほか、例えば、次のようなものが該当する、とされています[2]。

① 確認通知を出力したもの

　仕入明細書等への記載内容を通信回線等を通じて課税仕入れの相手方の端末機に出力し、確認の通信を受けた上で自己の端末機から出力したもの

② 確認通知を電子メール等で受けたもの

　仕入明細書等に記載すべき事項に係る電磁的記録につきインターネットや電子メールなどを通じて課税仕入れの相手方へ提供し、当該相手方からその確認をした旨の通知等を受けたもの

③ 仕入明細書等の写しを相手方に交付し、または当該仕入明細書等に記載すべき事項に係る電磁的記録を相手方に提供し、一定期間内に誤りのある旨の連絡がない場合には記載内容の通りに確認があったものとする基本契約等を締結した場合における当該一定期間を経たもの

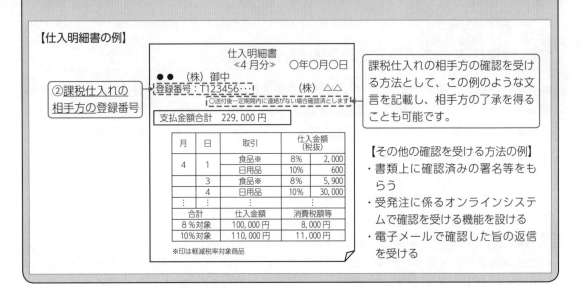

Tips

仕入明細書等に直接記載してよいか

相手方から確認を受ける方法として、「一定期間内に誤りのある旨の連絡がない場合には記載内容の通りに確認があったものとする」として基本契約等を締結する方法が通達に記載されています。基本契約の締結がない場合などは、「一定期間内に誤りのある旨の連絡がない場合には記載内容の通りに確認があったものとする」と直接、仕入明細書等に記載する方法で代替できます[3]。

【仕入明細書の例】

②課税仕入れの相手方の登録番号

仕入明細書
≪4月分≫　〇年〇月〇日
●●（株）御中
登録番号：T123456…
〇送付後一定期間内に連絡がない場合確認済とします
（株）△△

支払金額合計　229,000円

月	日	取引	仕入金額（税抜）	
4	1	食品※	8%	2,000
		日用品	10%	600
	3	食品※	8%	5,900
	4	日用品	10%	30,000
⋮	⋮			
合計		仕入金額	消費税額等	
8％対象		100,000円	8,000円	
10%対象		110,000円	11,000円	

※印は軽減税率対象商品

課税仕入れの相手方の確認を受ける方法として、この例のような文言を記載し、相手方の了承を得ることも可能です。

【その他の確認を受ける方法の例】
・書類上に確認済みの署名等をもらう
・受発注に係るオンラインシステムで確認を受ける機能を設ける
・電子メールで確認した旨の返信を受ける

[1]新消法30⑨一、三　　[2]インボイス通達4-6　　[3]インボイスQ&A問76

Q27 これまで仕入先から請求書をもらわずに、口座振替・口座振込で支払っていましたが、今後は請求書をもらう必要がありますか。

A 契約書や通帳の写し等、複数の書類で適格請求書の記載事項を満たすことで仕入税額控除を行うことができますので、請求書をもらう必要はありません。

解説

請求書の必要性

事業所家賃、顧問弁護士等への顧問料などは、契約を締結した後、請求書をもらわずに口座振替・口座振込で支払う場合があります。

インボイス制度の下で仕入税額控除を行うためには、口座振替・口座振込を行うものについても適格請求書等の保存が必要とされます。しかし、適格請求書の記載事項は1枚の書類で満たす必要はないため、請求書が発行されない場合であっても、契約書や納品書等の複数の書類で適格請求書の記載事項を満たすことで、仕入税額控除を行うことができます[1]（→ Q15）。

そのため、どの書類で適格請求書の記載事項を満たすのかを整理し、それぞれの書類を保存することが必要となってきます。

たとえば、事業所家賃について、以下のように適格請求書の記載事項を満たすことにした場合は、登録番号等を記載した契約書と支払ったときの通帳の写しの保存が必要となります。

【請求書が発行されない事業所家賃の場合】

適格請求書の記載事項	保存する書類
適格請求書発行事業者の氏名または名称	契約書
適格請求書発行事業者の登録番号	契約書
取引年月日	通帳の写し
取引内容（軽減税率対象品目である場合にはその旨）	契約書
税抜取引価額または税込取引価額を税率区分ごとに合計した金額	契約書
上記に対する消費税額等および適用税率	契約書
請求書等の受領者の氏名または名称	契約書

「契約書」と「通帳の写し」の複数の書類で、適格請求書の記載事項を満たしている

　なお、契約書への記載については、取引の相手先との合意が必要です。したがって、どの書類で適格請求書の記載事項を満たすのか、事前に確認することが重要となります。

【口座振替・口座振込取引の対応手順】

①口座振替・口座振込取引をピックアップ
　↓
②どの書類で適格請求書の記載事項を満たすのかを検討
　↓
③取引の相手先と合意形成
　↓
④合意を得た方法で適格請求書の記載事項を満たした書類を発行
　↓
⑤書類の保存

[1]インボイス Q&A 問 85

Q28 適格請求書をもらわずに、帳簿の記載のみで仕入税額控除ができる取引にはどのようなものがありますか。

A 　仕入税額控除を適用するためには、原則、適格請求書の交付を求めることが必要です。ただし、一定の取引は帳簿の記載のみで仕入税額控除を適用することができます。

解説

帳簿の記載と保存で足りる一定の取引

　適格請求書等の交付を受けることが困難であるなどの理由により、一定事項を記載した帳簿のみの保存で仕入税額控除が認められる取引で（→ **Q21** ）、社会福祉法人が関係するものは次の（1）～（3）の取引です。

（1）適格請求書の交付義務が免除される取引で一定のもの

　①3万円未満の公共交通機関（船舶、バスまたは鉄道）による旅客の運送
　②3万円未満の自動販売機および自動サービス機により行われる商品の販売等
　③郵便切手類のみを対価とする郵便・貨物サービス（郵便ポストに差し出されたものに限る）

　上記①②について、3万円未満であるかどうかは、1回の取引の税込価額が3万円未満であるかどうかで判定します[1]。したがって、1商品や切符1枚ごとの金額で判定することにはなりません。
　②の適格請求書の交付義務が免除される自動販売機および自動サービス機とは、代金の受領と商品やサービスの提供が自動で行われる機械装置であって、その機械装置のみで、代金の受領と資産の譲渡等が完結するものをいいます[2]。
　例えば、自動販売機による飲食料品の販売のほか、コインロッカーやコインランドリー等によるサービス、金融機関のATMによる手数料を対価とする入出金サービスや振込サービスなどが該当します[3]。

（2）適格簡易請求書として必要な事項を記載している入場券等が、使用の際に回収される取引

（3）従業員等に支給する通常必要と認められる出張旅費等（→ Q29 ）

Tips

令和 5 年 10 月 1 日から令和 11 年 9 月 30 日までの課税仕入れの経過措置

　基準期間における課税売上高が 1 億円以下または特定期間における課税売上高が 5,000 万円以下である事業者が、令和 5 年 10 月 1 日から令和 11 年 9 月 30 日の間に行う課税仕入れについて、当該課税仕入れに係る支払対価の額が 1 万円未満である場合には、一定の事項が記載された帳簿のみの保存による仕入税額控除が認められます[4]。

---

[1]インボイス通達 3-9　　[2]インボイス通達 3-11　　[3]インボイス Q&A 問 40　　[4]令和 5 年度税制改正大綱　四 1 （2）

Q29 従業員等の経費精算に際し、仕入税額控除を行うために保存すべき書類を教えてください。

A 仕入税額控除を行うためには、原則、適格請求書等の保存が必要ですが、経費の内容によっては適格請求書等の保存を必要としないものがあります。

解説

保存すべき適格請求書等

従業員等の経費精算で保存すべき適格請求書等を、内容ごとに区分すると以下の通りです。

経費精算の内容			仕入税額控除のために保存すべき適格請求書等
(1) 備品等の立替			適格請求書または適格簡易請求書
(2) 国内の出張旅費・宿泊費・日当			なし
(3) 通勤手当			なし
(4) 交際費等	①自動販売機や自動サービス機	税込3万円未満	なし
		税込3万円以上	適格簡易請求書
	①以外		適格請求書または適格簡易請求書

(1) 備品等の立替

　事務用品などの備品購入等、法人が負担する経費の立替精算については、適格請求書または適格簡易請求書の保存が必要です。ただし、適格請求書発行事業者以外の事業者からの請求書については、適格請求書または適格簡易請求書ではないため、請求書を保存しても、原則、仕入税額控除を行うことはできません。

(2) 国内の出張旅費・宿泊費・日当

　国内の出張旅費・宿泊費・日当については、適格請求書等の保存は必要ありません[1]。所得税の非課税の範囲内であれば、仕入税額控除を行うことができます[2]。非課税とされる旅費の範囲は、「旅行をした者に対して使用者等からその旅行に必要な運賃、宿泊料、移転料等の支出に充てるものとして支給される金品のうち、その旅行の目的、目的地、行路若しくは期間

の長短、宿泊の要否、旅行者の職務内容及び地位等からみて、その旅行に通常必要とされる費用の支出に充てられると認められる範囲内の金品をいう」とされています[3]。

（3）通勤手当

　通勤手当についても、（2）と同様、適格請求書等の保存は必要ありません。さらに、通勤手当については所得税の非課税の範囲は関係なく、「通勤者につき通常必要と認められる部分」について、仕入税額控除を行うことができます[4]。

(4) 交際費等

取引先への手土産・会議の際の飲み物代・懇親会等の飲食代などの交際費についても、原則、適格請求書等の保存が必要となります。

ただし、自動販売機での飲み物等の購入で、購入金額が税込3万円未満のものについては、適格請求書等の保存は必要ありません[6]。

また、手土産の購入や飲食店での飲食代の請求書については、(1)に記載の通り、小売業、飲食店業等を営む事業者が適格請求書発行事業者である場合のみ適格請求書等の保存が必要となります。

> **Tips**
>
> ### 従業員宛ての請求書
>
> 仕入税額控除を行うにあたって、適格請求書等の保存が必要となっている経費の精算をする場合、原則、請求書の宛名が法人名になっているものでないと仕入税額控除を行うことはできません。
>
> したがって、宛名に従業員の名前のみが記載されている請求書を受領した場合は、従業員に、宛名を法人とした「立替金精算書」等を作成してもらった上で、請求書と一緒に保存することにより仕入税額控除を行うことができます。

実務編

Ⅵ 買い手／課税事業者─原則課税

---

[1]インボイスQ&A問95　[2]消基通11-2-1　[3]所基通9-3　[4]消基通11-2-2, インボイスQ&A問96　[5]所法9①四、所基通9-5　[6]インボイスQ&A問38

Q30 受領した適格請求書の記載内容に誤りがあった場合、どのように対応をすればよいのでしょうか。

 A 正しい内容に修正した適格請求書を受領するか、新たに仕入明細書を作成して交付する必要があります。

解説

誤りのある適格請求書への対応方法

令和5年9月30日までの区分記載請求書等保存方式の下では、請求書の内容に誤りがあった場合、受領者による追記が認められていました。

しかし、インボイス制度の下では、適格請求書に誤りがあった場合、受領者による追記・修正は認められていません[1]。

そのため、以下のいずれかの方法で適格請求書の修正および保存をする必要があります。

① 仕入先に適格請求書の修正を依頼し、修正された適格請求書を保存します。なお、仕入先は修正前と後の2種類の適格請求書の保存が必要です[2]。

② 買い手側で新たに仕入明細書を作成して仕入先に交付し確認を受けた上で、仕入明細書を保存します。

---

[1]インボイス Q&A 問29、82　　[2]インボイス Q&A 問29、30

Q31 インボイス制度導入に伴って、入手する請求書をどのように取り扱えばよいでしょうか。

A 簡易課税制度により申告をしている場合、入手する請求書について、インボイス制度導入に伴った対応は不要です。

解説

インボイス制度への対応の必要性

簡易課税制度とは、課税売上に係る消費税額にみなし仕入率を乗じたものを仕入税額控除の金額とすることができる制度のことです[1]（→ Q1 ）。

一方、インボイス制度とは、仕入税額控除の要件として、原則、適格請求書の保存が必要となる制度のことです[2]。

簡易課税制度は、売上金額を基礎として仕入税額控除の金額を算出する制度のことですから、仕入税額控除の金額として、実際の仕入れ金額を使用しているわけではありません。したがって、実際に仕入れを行ったときに入手する請求書の金額は、消費税の申告においては使用していないということになります。

そのため、簡易課税制度により申告している場合、入手する請求書について、インボイス制度導入に伴った対応は不要です。

> **Tips**
>
> ### 原則課税か簡易課税かの判定
>
> 原則課税か簡易課税かを選択する場合において、インボイス制度導入前は、翌事業年度の納税額の試算をし、納税額が少ない方法を選択していました。しかし、インボイス制度導入後においては、納税額だけをみて選択するのではなく、原則課税を選択した場合の事務作業の負担（適格請求書等の保存、適格請求書発行事業者からの仕入れと適格請求書発行事業者以外からの仕入れを区分する等）も考慮して選択することが求められます。

---

[1]消法 37①、消令 57　　[2]新消法 30

Q32 インボイス制度導入に伴って、免税事業者は入手する請求書をどのように取り扱えばよいでしょうか。

 免税事業者の場合、入手する請求書について、インボイス制度導入に伴った対応は不要です。

解説

インボイス制度への対応の必要性

インボイス制度とは、仕入税額控除の要件として、原則、適格請求書の保存が必要となる制度のことです[1]。

一方で、免税事業者には消費税の申告・納税義務がありません（→ Q3 ）。仕入税額控除とは消費税の納税額を計算する上で必要な仕組みであるため、免税事業者が仕入税額控除を行うことはありません（→ Q1 ）。

したがって、免税事業者の場合、入手する請求書について、インボイス制度導入に伴った対応は不要です。

[1] 新消法 30

Q33 消費税の会計処理として税込経理をしています。入手する請求書が適格請求書かどうかで会計処理は変わりますか。

A 　適格請求書以外の場合、消費税相当額を全額控除できず、消費税申告を行っている買い手である課税事業者の負担が増えます。控除できなかった消費税相当額については、税込経理の場合、租税公課として会計処理されます。

解説

1 影響額

　適格請求書以外の請求書で、消費税相当額が全額控除できない際の影響額について解説した **Q22** の取引を例に会計処理を説明します。

前提

取引額　　：1,000,000 円　（費用科目を業務委託費とする）
消費税等：100,000 円
影響額　　：令和 11 年 10 月以降の影響額　100,000 円を採用。
仮定　　　：インボイス制度前は、消費税額が全額控除可能であった。
納税額の計算方式：原則課税による方法を採用している。

【経過措置の影響額】　　　　　　　　　　　　　　　　　　　　　　　　　　　　　単位：円

		R5/9/30 まで	R5/10/1 以降	R8/10/1 以降	R11/10/1 以降
①	適格請求書発行事業者以外からの仕入れ	全額控除可能	80％控除	50％控除	控除不可
②	取引額	1,000,000	1,000,000	1,000,000	1,000,000
③	消費税額	100,000	100,000	100,000	100,000
④	合計支払額（②＋③）	1,100,000	1,100,000	1,100,000	1,100,000
⑤	控除　消費税額	100,000	80,000	50,000	0
⑥	控除不能消費税額（③-⑤）	0	20,000	50,000	100,000

2 税込経理の場合の会計処理

　税込経理の場合には、取引発生時の会計処理はインボイス制度前後で違いはありません。

期末の消費税精算時にインボイス制度後（令和11年10月以降）には、控除ができない消費税が100,000円発生、同額の消費税負担額が増加し租税公課として会計処理されます。結果、費用合計は1,100,000円から1,200,000円に増加します。

インボイス制度　前			

課税売上時の会計処理

借方		貸方	
科目	金額	科目	金額
事業未収金	1,100,000	○○収入	1,100,000

業務委託費の支払い時の会計処理（未払金計上なし）

借方		貸方	
科目	金額	科目	金額
業務委託費	1,100,000	現金預金	1,100,000

期末消費税精算時

借方		貸方	
科目	金額	科目	金額
租税公課	0	未払消費税	0

費用合計　1,100,000

インボイス制度　後			

課税売上時の会計処理

借方		貸方	
科目	金額	科目	金額
事業未収金	1,100,000	○○収入	1,100,000

業務委託費の支払い時の会計処理（未払金計上なし）

借方		貸方	
科目	金額	科目	金額
業務委託費	1,100,000	現金預金	1,100,000

期末消費税精算時

借方		貸方	
科目	金額	科目	金額
租税公課	100,000	未払消費税	100,000

費用合計　1,200,000

3　税抜経理の場合の会計処理（参考）

税抜経理の場合には、インボイス制度前後で取引発生時の会計処理は異なります。インボイス制度では、控除不能額は、仮払消費税として処理されることはなく、業務委託費に含めて処理されます。費用合計は1,000,000円から1,100,000円に増加します。

インボイス制度　前			

課税売上時の会計処理

借方		貸方	
科目	金額	科目	金額
事業未収金	1,100,000	○○収入	1,000,000
		仮受消費税	100,000

業務委託費の支払い時の会計処理（未払金計上なし）

借方		貸方	
科目	金額	科目	金額
業務委託費	1,000,000	現金預金	1,100,000
仮払消費税	100,000		

期末消費税精算時

借方		貸方	
科目	金額	科目	金額
仮受消費税	100,000	仮払消費税	100,000

費用合計　1,000,000

インボイス制度　後			

課税売上時の会計処理

借方		貸方	
科目	金額	科目	金額
事業未収金	1,100,000	○○収入	1,000,000
		仮受消費税	100,000

業務委託費の支払い時の会計処理（未払金計上なし）

借方		貸方	
科目	金額	科目	金額
業務委託費	1,100,000	現金預金	1,100,000
仮払消費税	0		

期末消費税精算時

借方		貸方	
科目	金額	科目	金額
仮受消費税	100,000	未払消費税	100,000

費用合計　1,100,000

資料編

Q34 インボイス制度への対応を検討する際に、必要となる制度情報とその情報ソースを教えてください。

 インボイス制度への対応は、消費税法（国税庁）のほか、下請法（公正取引委員会）、請求書などの電子文書をネットワーク上でやり取りするための「文書仕様」、「運用ルール」、「ネットワーク」の標準仕様の取り組み（デジタルインボイス推進協議会）の情報をもとに、検討を行う必要があります。

解説

　消費税法（国税庁）、下請法（公正取引委員会）、請求書などの電子文書をネットワーク上でやり取りするための「文書仕様」、「運用ルール」、「ネットワーク」の標準仕様の取り組み（デジタルインボイス推進協議会）に関する情報ソースは次の通りです。

〈国税庁〉

主な情報	QR
特集　インボイス制度	
インボイス制度の概要	
お問合せの多いご質問	
消費税の仕入税額控除制度における適格請求書等保存方式に関するＱ＆Ａ	
消費税の仕入税額控除制度における適格請求書等保存方式に関する取扱通達の制定について（法令解釈通達）ほか	
申請手続	

主な情報	QR
オンライン説明会のご案内	
インボイス制度適格請求書発行事業者公表サイト	
インボイス制度への事前準備の基本項目チェックシート	

〈公正取引委員会〉

主な情報	QR
免税事業者及びその取引先のインボイス制度への対応に関する Q & A	
インボイス制度後の免税事業者との取引に係る下請法等の考え方	

〈国土交通省〉

主な情報	QR
インボイス制度後の免税事業者との建設工事の請負契約に係る建設業法上の考え方の一事例	

〈デジタルインボイス推進協議会〉

主な情報	QR
デジタルインボイス推進協議会トップページ	

令和 5 年 3 月現在

| 消費税法基本通達（抜粋） | 6-7-1　介護保険関係の非課税の範囲 |
| | 6-7-6　生活活動等の意義 |

（介護保険関係の非課税の範囲）6-7-1

　法別表第一第7号イ《非課税となる介護保険に係る資産の譲渡等》の規定による介護保険関係の非課税範囲は次のようになるのであるから留意する。（平12課消2-10により追加、平12官総8-3、平14課消1-12、平17課消1-60、平18課消1-11、平18課消1-43、平21課消1-10、平24課消1-7、平27課消1-9、平28課消1-57、平29課消2-5、平30課消2-5により改正）

(1)　介護保険法の規定に基づく居宅介護サービス費の支給に係る居宅サービス

　イ　居宅要介護者の居宅において介護福祉士等が行う訪問介護（居宅要介護者の選定による交通費を対価とする資産の譲渡等を除く。）

　ロ　居宅要介護者の居宅を訪問し、浴槽を提供して行われる訪問入浴介護（居宅要介護者の選定による交通費を対価とする資産の譲渡等及び特別な浴槽水等の提供を除く。）

　ハ　居宅要介護者（主治の医師がその治療の必要の程度につき厚生労働省令で定める基準に適合していると認めたものに限る。）の居宅において看護師等が行う訪問看護（居宅要介護者の選定による交通費を対価とする資産の譲渡等を除く。）

　ニ　居宅要介護者（主治の医師がその治療の必要の程度につき厚生労働省令で定める基準に適合していると認めたものに限る。）の居宅において行う訪問リハビリテーション（居宅要介護者の選定による交通費を対価とする資産の譲渡等を除く。）

　ホ　居宅要介護者について病院、診療所又は薬局の医師、歯科医師、薬剤師、歯科衛生士、管理栄養士等が行う居宅療養管理指導

　ヘ　居宅要介護者について特別養護老人ホーム、養護老人ホーム、老人福祉センター、老人デイサービスセンター等の施設に通わせて行う通所介護（居宅要介護者の選定による送迎を除く。）

　ト　居宅要介護者（主治の医師がその治療の必要の程度につき厚生労働省令で定める基準に適合していると認めたものに限る。）について介護老人保健施設、病院、診療所等に通わせて行う通所リハビリテーション（居宅要介護者の選定による送迎を除く。）

　チ　居宅要介護者について特別養護老人ホーム、養護老人ホーム、老人短期入所施設等に短期間入所させて行う短期入所生活介護（居宅要介護者の選定による、特別な居室の提供、特別な食事の提供及び送迎を除く。）

　リ　居宅要介護者（その治療の必要の程度につき厚生労働省令で定めるものに限る。）について介護老人保健施設及び療養病床を有する病院等に短期間入所させて行う短期入所療養介護（居宅要介護者の選定による特別な療養室等の提供、特別な食事の提供及び送迎を除く。）

　ヌ　有料老人ホーム、養護老人ホーム及び軽費老人ホーム（(4)トに該当するものを除く。）に入居している要介護者について行う特定施設入居者生活介護（要介護者の選定により提供される介護その他の日常生活上の便宜に要する費用を対価とする資産の譲渡等を除く。）

(2)　介護保険法の規定に基づく施設介護サービス費の支給に係る施設サービス

　イ　特別養護老人ホーム（(4)チに該当するものを除く。）に入所する要介護者について行われる介護福祉施設サービス（要介護者の選定による特別な居室の提供及び特別な食事の提供を除く。）

　ロ　介護保険法の規定により都道府県知事の許可を受けた介護老人保健施設に入所する要介護者について行われる介護保健施設サービス（要介護者の選定による特別な療養室の提供及び特別な食事の提供を除く。）

　ハ　介護保険法の規定により都道府県知事の許可を受けた介護医療院に入所する要介護者について行われる介護医療院サービス（要介護者の選定による特別な療養室の提供及び特別な食事の提供を除く。）

(3)　介護保険法の規定に基づく特例居宅介護サービス費の支給に係る訪問介護等（令第14条の2第1項《居宅サービスの範囲等》に規定する訪問介護等をいう。）又はこれに相当するサービス（要介護者の選定による交通費を対価とする資産の譲渡等、特別な浴槽水等の提供、送迎、特別な居室の提供、特別な療養室等の提供、特別な食事の提供又は介護その他の日常生活上の便宜に要する費用を対価とする資産の譲渡等を除く。）

(4)　介護保険法の規定に基づく地域密着型介護サービス費の支給に係る地域密着型サービス

　イ　居宅要介護者の居宅において介護福祉士、看護師等が行う定期巡回・随時対応型訪問介護看護（居宅要介護者の選定による交通費を対価とする資産の譲渡等を除く。）

　ロ　居宅要介護者の居宅において介護福祉士等が行う夜間対応型訪問介護（(4)イに該当するもの及び居宅要介護者の選定による交通費を対価とする資産の譲渡等を除く。）

　ハ　居宅要介護者について特別養護老人ホーム、養護老人ホーム、老人福祉センター、老人デイサービスセンター等の施設に通わせて

行う地域密着型通所介護（（4）ニに該当する
もの及び居宅要介護者の選定による送迎を除
く。）

ニ　居宅要介護者であって、脳血管疾患、アル
ツハイマー病その他の要因に基づく脳の器質
的な変化により日常生活に支障が生じる程度
にまで記憶機能及びその他の認知機能が低下
した状態（以下 6-7-1 において「認知症」と
いう。）であるものについて、特別養護老人
ホーム、養護老人ホーム、老人福祉センター、
老人デイサービスセンター等の施設に通わせ
て行う認知症対応型通所介護（居宅要介護者
の選定による送迎を除く。）

ホ　居宅要介護者の居宅において、又は機能訓
練等を行うサービスの拠点に通わせ若しくは
短期間宿泊させて行う小規模多機能型居宅介
護（居宅要介護者の選定による送迎及び交通
費を対価とする資産の譲渡等を除く。）

ヘ　要介護者であって認知症であるもの（その
者の認知症の原因となる疾患が急性の状態に
ある者を除く。）について、その共同生活を営
む住居において行う認知症対応型共同生活介
護

ト　有料老人ホーム、養護老人ホーム及び軽費
老人ホーム（その入居定員が 29 人以下のもの
に限る。）に入居している要介護者について行
う地域密着型特定施設入居者生活介護（要介
護者の選定により提供される介護その他の日
常生活上の便宜に要する費用を対価とする資
産の譲渡等を除く。）

チ　特別養護老人ホーム（その入所定員が 29 人
以下のものに限る。）に入所する要介護者につ
いて行う地域密着型介護老人福祉施設入所者
生活介護（要介護者の選定による特別な居室
の提供及び特別な食事の提供を除く。）

リ　居宅要介護者について（1）イからリまでに
該当するもの及び（4）イからホまでに該当す
るものを 2 種類以上組み合わせて行う複合型
サービス（居宅要介護者の選定による送迎及
び交通費を対価とする資産の譲渡等を除く。）

（5）　介護保険法の規定に基づく特例地域密着型
介護サービス費の支給に係る定期巡回・随時対
応型訪問介護看護等（令第 14 条の 2 第 3 項第 2
号《居宅サービスの範囲等》に規定する定期巡
回・随時対応型訪問介護看護等をいう。）又はこ
れに相当するサービス（要介護者の選定による
交通費を対価とする資産の譲渡等、送迎、特別
な居室の提供、特別な食事の提供又は介護その
他の日常生活上の便宜に要する費用を対価とす
る資産の譲渡等を除く。）

（6）　介護保険法の規定に基づく特例施設介護
サービス費の支給に係る施設サービス及び健康
保険法等の一部を改正する法律（平成 18 年法律
第 83 号）附則第 130 条の 2 第 1 項《健康保険法
等の一部改正に伴う経過措置》の規定によりな

おその効力を有するものとされる同法第 26 条
の規定による改正前の介護保険法の規定に基づ
く施設介護サービス費又は特例施設介護サービ
ス費の支給に係る介護療養施設サービス（要介
護者の選定による特別な居室の提供、特別な療
養室の提供、特別な病室の提供又は特別な食事
の提供を除く。）

（7）　介護保険法の規定に基づく介護予防サービ
ス費の支給に係る介護予防訪問入浴介護、介護
予防訪問看護、介護予防訪問リハビリテーショ
ン、介護予防居宅療養管理指導、介護予防通所
リハビリテーション、介護予防短期入所生活介
護、介護予防短期入所療養介護及び介護予防特
定施設入居者生活介護（以下 6-7-1 において「介
護予防訪問入浴介護等」といい、要支援者の選
定による交通費を対価とする資産の譲渡等、特
別な浴槽水等の提供、送迎、特別な居室の提供、
特別な療養室等の提供、特別な食事の提供又は
介護その他の日常生活上の便宜に要する費用を
対価とする資産の譲渡等を除く。）

（8）　介護保険法の規定に基づく特例介護予防
サービス費の支給に係る介護予防訪問入浴介護
等又はこれに相当するサービス

（9）　介護保険法の規定に基づく地域密着型介護
予防サービス費の支給に係る介護予防認知症対
応型通所介護、介護予防小規模多機能型居宅介
護及び介護予防認知症対応型共同生活介護（以
下 6-7-1 において「介護予防認知症対応型通所
介護等」といい、居宅要支援者の選定による送
迎及び交通費を対価とする資産の譲渡等を除
く。）

（10）　介護保険法の規定に基づく特例地域密着型
介護予防サービス費の支給に係る介護予防認知
症対応型通所介護等又はこれに相当するサービ
ス（居宅要支援者の選定による送迎及び交通費
を対価とする資産の譲渡等を除く。）

（11）　介護保険法の規定に基づく居宅介護サービ
ス計画費の支給に係る居宅介護支援及び同法の
規定に基づく介護予防サービス計画費の支給に
係る介護予防支援

（12）　介護保険法の規定に基づく特例居宅介護
サービス計画費の支給に係る居宅介護支援又は
これに相当するサービス及び同法の規定に基づ
く特例介護予防サービス計画費の支給に係る介
護予防支援又はこれに相当するサービス

（13）　介護保険法の規定に基づく市町村特別給付
として要介護者又は居宅要支援者に対して行う
食事の提供

（注）　食事の提供とは、平成 12 年厚生省告示第
126 号「消費税法施行令第 14 条の 2 第 3 項
第 11 号の規定に基づき厚生労働大臣が指
定する資産の譲渡等」に規定するものをい
う。

（14）　介護保険法の規定に基づく地域支援事業と
して居宅要支援被保険者等に対して行う介護予

資料編

防・日常生活支援総合事業に係る資産の譲渡等

（注）　介護予防・日常生活支援総合事業に係る資産の譲渡等とは、平成24年厚生労働省告示第307号「消費税法施行令第14条の2第3項第12号の規定に基づき厚生労働大臣が指定する資産の譲渡等」に規定する資産の譲渡等に限られる。

(15)　生活保護法又は中国残留邦人等の円滑な帰国の促進並びに永住帰国した中国残留邦人等及び特定配偶者の自立の支援に関する法律若しくは中国残留邦人等の円滑な帰国の促進及び永住帰国後の自立の支援に関する法律の一部を改正する法律（平成25年法律第106号）附則第2条第1項若しくは第2項《支援給付の実施に関する経過措置》の規定によりなお従前の例によることとされる同法による改正前の中国残留邦人等の円滑な帰国の促進及び永住帰国後の自立の支援に関する法律の規定に基づく介護扶助又は介護支援給付のための次に掲げる介護

イ　居宅介護（生活保護法第15条の2第2項《介護扶助》に規定する訪問介護、訪問入浴介護、訪問看護、訪問リハビリテーション、居宅療養管理指導、通所介護、通所リハビリテーション、短期入所生活介護、短期入所療養介護、特定施設入居者生活介護、定期巡回・随時対応型訪問介護看護、夜間対応型訪問介護、認知症対応型通所介護、小規模多機能型居宅介護、認知症対応型共同生活介護、地域密着型特定施設入居者生活介護及び複合型サービス並びにこれらに相当するサービスに限る。）

ロ　施設介護（生活保護法第15条の2第4項に規定する地域密着型介護老人福祉施設入所者生活介護、介護福祉施設サービス及び介護保健施設サービス並びに健康保険法等の一部を改正する法律附則第130条の2第1項の規定によりなおその効力を有するものとされる同法附則第91条《生活保護法の一部改正》の規定による改正前の生活保護法の規定に基づく介護扶助のための介護（同条の規定による改正前の生活保護法第15条の2第1項第4号《介護扶助》に掲げる施設介護のうち同条第4項に規定する介護療養施設サービスに限る。）をいう。）

ハ　介護予防（生活保護法第15条の2第5項に規定する介護予防訪問入浴介護、介護予防訪問看護、介護予防訪問リハビリテーション、介護予防居宅療養管理指導、介護予防通所リハビリテーション、介護予防短期入所生活介護、介護予防短期入所療養介護、介護予防特定施設入居者生活介護、介護予防認知症対応型通所介護、介護予防小規模多機能型居宅介護及び介護予防認知症対応型共同生活介護並びにこれらに相当するサービスに限る。）

ニ　介護予防・日常生活支援（生活保護法第15条の2第7項《介護扶助》に規定する第一号訪問事業、第一号通所事業及び第一号生活支援事業による支援に相当する支援に限る。）

（注）　イ及びハのこれらに相当するサービス並びにニの相当する支援とは、平成12年厚生省告示第190号「消費税法施行令第14条の2第3項第13号の規定に基づき厚生労働大臣が指定するサービス」に規定するものに限られる。

（生産活動等の意義）6-7-6

法別表第一第7号ロかっこ書《社会福祉事業等に係る資産の譲渡等》に規定する「生産活動」及び当該「生産活動」が行われる事業の意義は次のとおりである。（平12課消2-10により改正及び条変更（旧6-7-2）、平18課消1-43、平24課消1-7、平25課消1-34、平27課消1-9により改正）

(1)　生産活動とは、(2)に掲げる事業において行われる身体上若しくは精神上又は世帯の事情等により、就業能力の限られている者（以下6-7-6において「要援護者」という。）の「自立」、「自活」及び「社会復帰」のための訓練、職業供与等の活動において行われる物品の販売、サービスの提供その他の資産の譲渡等をいう。

なお、(2)に掲げる事業では、このような生産活動のほか、要援護者に対する養護又は援護及び要援護者に対する給食又は入浴等の便宜供与等も行われているが、当該便宜供与等は生産活動には該当しないのであるから留意する。

(2)　「生産活動」が行われる事業とは、要援護者に対して、就労又は技能の習得のために必要な訓練の提供や職業の供与等を行い、要援護者の自立を助長し、自活させることを目的とする次に掲げる事業及び障害者の日常生活及び社会生活を総合的に支援するための法律第5条第7項、第13項又は第14項《定義》に規定する生活介護、就労移行支援又は就労継続支援を行う事業をいう。

イ　社会福祉法第2条第2項第4号又は第7号《定義》に規定する障害者支援施設又は授産施設を経営する事業

ロ　社会福祉法第2条第3項第1号の2《定義》に規定する認定生活困窮者就労訓練事業

ハ　社会福祉法第2条第3項第4号の2《定義》に規定する地域活動支援センターを経営する事業

（注）　上記事業において行われる就労又は技能の習得のために必要な訓練等の過程において製作等される物品の販売その他の資産の譲渡等は、法別表第一第7号ロかっこ書の規定により課税されることとなる。

消費税法施行令（抜粋）　（社会福祉事業等として行われる資産の譲渡等に類するものの範囲）

第十四条の三　法別表第一第七号ハに規定する政令で定めるものは、次に掲げるものとする。

一　児童福祉法第七条第一項（児童福祉施設）に規定する児童福祉施設を経営する事業として行われる資産の譲渡等（法別表第一第七号ロに掲げるものを除く。）及び同項に規定する保育所を経営する事業に類する事業として行われる資産の譲渡等として厚生労働大臣が財務大臣と協議して指定するもの

二　児童福祉法第二十七条第二項（都道府県のとるべき措置）の規定に基づき同項に規定する指定発達支援医療機関が行う同項に規定する治療等

三　児童福祉法第三十三条（児童の一時保護）に規定する一時保護

四　障害者の日常生活及び社会生活を総合的に支援するための法律（平成十七年法律第百二十三号）第二十九条第一項（介護給付費又は訓練等給付費）又は第三十条第一項（特例介護給付費又は特例訓練等給付費）の規定に基づき独立行政法人国立重度知的障害者総合施設のぞみの園がその設置する施設において行うこれらの規定に規定する介護給付費若しくは訓練等給付費又は特例介護給付費若しくは特例訓練等給付費の支給に係る同法第五条第一項（定義）に規定する施設障害福祉サービス及び知的障害者福祉法（昭和三十五年法律第三十七号）第十六条第一項第二号（障害者支援施設等への入所等の措置）の規定に基づき独立行政法人国立重度知的障害者総合施設のぞみの園がその設置する施設において行う同号の更生援護

五　介護保険法第百十五条の四十六第一項（地域包括支援センター）に規定する包括的支援事業として行われる資産の譲渡等（社会福祉法（昭和二十六年法律第四十五号）第二条第三項第四号（定義）に規定する老人介護支援センターを経営する事業に類する事業として行われる資産の譲渡等として厚生労働大臣が財務大臣と協議して指定するものに限る。）

六　子ども・子育て支援法（平成二十四年法律第六十五号）の規定に基づく施設型給付費、特例施設型給付費、地域型保育給付費又は特例地域型保育給付費の支給に係る事業として行われる資産の譲渡等（法別表第一第七号ロ及び第十一号イ並びに第一号に掲げるものを除く。）

七　母子保健法第十七条の二第一項（産後ケア事業）に規定する産後ケア事業として行われる資産の譲渡等（法別表第一第八号に掲げるものを除く。）

八　前各号に掲げるもののほか、老人福祉法（昭和三十八年法律第百三十三号）第五条の二第一項（定義）に規定する老人居宅生活支援事業、障害者の日常生活及び社会生活を総合的に支援するための法律第五条第一項に規定する障害福祉サービス事業（同項に規定する居宅介護、重度訪問介護、同行援護、行動援護、短期入所及び共同生活援助に係るものに限る。）その他これらに類する事業として行われる資産の譲渡等（法別表第一第七号ロに掲げるものを除く。）のうち、国又は地方公共団体の施策に基づきその要する費用が国又は地方公共団体により負担されるものとして厚生労働大臣が財務大臣と協議して指定するもの

第 1 －⑴号様式

国内事業者用

適格請求書発行事業者の登録申請書

【1／2】

令和　年　月　日	申請者	（フリガナ）	
		住 所 又 は 居 所 (法 人 の 場 合) 本 店 又 は 主 た る 事 務 所 の 所 在 地	（〒　　－　　） ◎（法人の場合のみ公表されます） （電話番号　　　　－　　　　－　　　　）
		（フリガナ）	
		納 税 地	（〒　　－　　） （電話番号　　　　－　　　　－　　　　）
		（フリガナ）	
		氏 名 又 は 名 称	◎
		（フリガナ）	
		(法 人 の 場 合) 代 表 者 氏 名	
＿＿＿＿＿ 税務署長殿		法 人 番 号	

　この申請書に記載した次の事項（◎印欄）は、適格請求書発行事業者登録簿に登載されるとともに、国税庁ホームページで公表されます。
1　申請者の氏名又は名称
2　法人（人格のない社団等を除く。）にあっては、本店又は主たる事務所の所在地
　なお、上記1及び2のほか、登録番号及び登録年月日が公表されます。
　また、常用漢字等を使用して公表しますので、申請書に記載した文字と公表される文字とが異なる場合があります。

　下記のとおり、適格請求書発行事業者としての登録を受けたいので、所得税法等の一部を改正する法律（平成28年法律第15号）第5条の規定による改正後の消費税法第57条の2第2項の規定により申請します。
　※　当該申請書は、所得税法等の一部を改正する法律（平成28年法律第15号）附則第44条第1項の規定により令和5年9月30日以前に提出するものです。

　令和5年3月31日（特定期間の判定により課税事業者となる場合は令和5年6月30日）までにこの申請書を提出した場合は、原則として令和5年10月1日に登録されます。

事 業 者 区 分	この申請書を提出する時点において、該当する事業者の区分に応じ、□にレ印を付けてください。 　□　課税事業者　　　　　□　免税事業者 ※　次葉「登録要件の確認」欄を記載してください。また、免税事業者に該当する場合には、次葉「免税事業者の確認」欄も記載してください（詳しくは記載要領等をご確認ください。）。
令和5年3月31日（特定期間の判定により課税事業者となる場合は令和5年6月30日）までにこの申請書を提出することができなかったことにつき困難な事情がある場合は、その困難な事情	
税 理 士 署 名	 （電話番号　　　　－　　　　－　　　　）

※税務署処理欄	整理番号		部門番号		申請年月日	年　　月　　日	通信日付印 年　　月　　日	確認	
	入力処理	年　　月　　日	番号確認		身元確認	□ 済 □ 未済	確認書類	個人番号カード／通知カード・運転免許証 その他（　　　　　　　）	
	登録番号	T							

注意　1　記載要領等に留意の上、記載してください。
　　　2　税務署処理欄は、記載しないでください。
　　　3　この申請書を提出するときは、「適格請求書発行事業者の登録申請書（次葉）」を併せて提出してください。

インボイス制度

資　料　編

第１－(1)号様式次葉

| 国内事業者用 |

適格請求書発行事業者の登録申請書（次葉）

【2／2】

氏 名 又 は 名 称

この申請書は、令和三年十月一日から令和五年九月三十日までの間に提出する場合に使用します。

資料編

免税事業者の確認	□ 令和５年10月１日から令和11年９月30日までの日の属する課税期間中に登録を受け、所得税法等の一部を改正する法律（平成28年法律第15号）附則第44条第４項の規定の適用を受けようとする事業者 ※ 登録開始日から納税義務の免除の規定の適用を受けないこととなります。

事業内容等	個 人 番 号			
	生年月日（個人）又は設立年月日（法人）	○明治 ○大正 ○昭和 ○平成 ○令和　　　年　　月　　日	法人のみ記載	事 業 年 度　自　　　月　　日／至　　　月　　日 資 本 金　　　　　円
	事 業 内 容		登 録 希 望 日（令和５年10月１日を希望する場合、記載不要）　令和　　年　　月　　日

免税事業者の確認	□ 消費税課税事業者（選択）届出書を提出し、納税義務の免除の規定の適用を受けないこととなる課税期間の初日から登録を受けようとする事業者	課 税 期 間 の 初 日 ※ 令和５年10月１日から令和６年３月31日までの間のいずれかの日 令和　　年　　月　　日

登録要件の確認	課税事業者です。 ※ この申請書を提出する時点において、免税事業者であっても、「免税事業者の確認」欄のいずれかの事業者に該当する場合は、「はい」を選択してください。	□ はい　□ いいえ
	納税管理人を定める必要のない事業者です。 （「いいえ」の場合は、次の質問にも答えてください。）	□ はい　□ いいえ
	納税管理人を定めなければならない場合（国税通則法第117条第１項） 【個人事業者】　国内に住所及び居所（事務所及び事業所を除く。）を有せず、又は有しないこととなる場合 【法人】　国内に本店又は主たる事務所を有しない法人で、国内にその事務所及び事業所を有せず、又は有しないこととなる場合	
	納税管理人の届出をしています。 「はい」の場合は、消費税納税管理人届出書の提出日を記載してください。 消費税納税管理人届出書　（提出日：令和　　年　　月　　日）	□ はい　□ いいえ
	消費税法に違反して罰金以上の刑に処せられたことはありません。 （「いいえ」の場合は、次の質問にも答えてください。）	□ はい　□ いいえ
	その執行を終わり、又は執行を受けることがなくなった日から２年を経過しています。	□ はい　□ いいえ

参考事項	

81

第２−(1)号様式

適格請求書発行事業者登録簿の登載事項変更届出書

<table>
<tr>
<td rowspan="6">
収受印

令和　　年　　月　　日

＿＿＿＿＿　税務署長殿
</td>
<td rowspan="5">届

出

者</td>
<td>（フリガナ）</td>
<td colspan="2">（〒　　　−　　　　）</td>
</tr>
<tr>
<td>納　税　地</td>
<td colspan="2">（電話番号　　　　−　　　−　　　　）</td>
</tr>
<tr>
<td>（フリガナ）</td>
<td colspan="2"></td>
</tr>
<tr>
<td>氏 名 又 は
名 称 及 び
代 表 者 氏 名</td>
<td colspan="2"></td>
</tr>
<tr>
<td>法 人 番 号</td>
<td colspan="2">※　個人の方は個人番号の記載は不要です。</td>
</tr>
<tr>
<td>登 録 番 号</td>
<td>T</td>
<td></td>
</tr>
</table>

　下記のとおり、適格請求書発行事業者登録簿に登載された事項に変更があったので、所得税法等の一部を改正する法律（平成28年法律第15号）第５条の規定による改正後の消費税法第57条の２第８項の規定により届出します。
　　※　当該申請書は、所得税法等の一部を改正する法律（平成28年法律第15号）附則第44条第２項の規定により令和５年９月30日以前に提出するものです。

<table>
<tr>
<td rowspan="8">変

更

の

内

容</td>
<td>変 更 年 月 日</td>
<td>令和　　　　年　　　　月　　　　日</td>
</tr>
<tr>
<td rowspan="3">変 更 事 項</td>
<td>☐　　氏名又は名称</td>
</tr>
<tr>
<td>☐　　法人（人格のない社団等を除く。）にあっては、本店又は主たる事務所の所在地</td>
</tr>
<tr>
<td>☐　　国外事業者にあっては、国内において行う資産の譲渡等に係る事務所、事業所その他これらに準ずるものの所在地
　　※　当該事務所等を国内に有しないこととなる場合は、次葉も提出してください。</td>
</tr>
<tr>
<td>変 更 前</td>
<td>（フリガナ）</td>
</tr>
<tr>
<td>変 更 後</td>
<td>（フリガナ）</td>
</tr>
<tr>
<td colspan="2">※　変更後の内容については、国税庁ホームページで公表されます。
　　なお、常用漢字等を使用して公表しますので、届出書に記載した文字と公表される文字とが異なる場合があります。</td>
</tr>
</table>

<table>
<tr>
<td>参 　考 　事 　項</td>
<td></td>
</tr>
<tr>
<td>税 理 士 署 名</td>
<td>（電話番号　　　　−　　　−　　　　）</td>
</tr>
</table>

<table>
<tr>
<td rowspan="2">※
税務署処理欄</td>
<td>整 理 番 号</td>
<td></td>
<td>部 門 番 号</td>
<td></td>
<td colspan="3"></td>
</tr>
<tr>
<td>届出年月日</td>
<td>年　月　日</td>
<td>入 力 処 理</td>
<td>年　月　日</td>
<td>番 号 確 認</td>
<td></td>
</tr>
</table>

注意　1　記載要領等に留意の上、記載してください。
　　　2　税務署処理欄は、記載しないでください。

この届出書は、令和三年十月一日から令和五年九月三十日までの間に提出する場合に使用します。

インボイス制度

第２－(1)号様式次葉

適格請求書発行事業者登録簿の登載事項変更届出書（次葉）

※ 本届出書（次葉）は、特定国外事業者以外の国外事業者が国内において行う資産の譲渡等に係る事務所、事業所その他これらに準ずるものを国内に有しないこととなった場合に、適格請求書発行事業者登録簿の登載事項変更届出書とともに提出してください。

			氏名又は名称		

	引き続き、適格請求書発行事業者として事業を継続します。 （「はい」の場合は、以下の質問にも答えて下さい。）			□ はい　　□ いいえ
特定国外事業者に係る確認事項	消費税に関する税務代理の権限を有する税務代理人がいます。 （「はい」の場合は、次の「税務代理人」欄を記載してください。）			□ はい　　□ いいえ
	税務代理人	（フリガナ） 事務所の 所在地	（〒　　－　　） （電話番号　　　－　　　－　　　）	
		（フリガナ） 氏名等		
	納税管理人を定めています。 （「はい」の場合は、消費税納税管理人届出書の提出日を記載してください。 消費税納税管理人届出書　（提出日：平成　　　年　　月　　日））			□ はい　　□ いいえ
	現在、国税の滞納はありません。			□ はい　　□ いいえ
参考事項				

資料編

第３号様式

適格請求書発行事業者の登録の取消しを求める旨の届出書

収受印			
令和　年　月　日	届 出 者	（フリガナ）	（〒　　－　　　）
		納　税　地	（電話番号　　　－　　　－　　　）
		（フリガナ）	
		氏名又は 名称及び 代表者氏名	
		法　人　番　号	※　個人の方は個人番号の記載は不要です。
_____ 税務署長殿		登　録　番　号	Ｔ

　下記のとおり、適格請求書発行事業者の登録の取消しを求めますので、消費税法第57条の２第10項第１号の規定により届出します。

登録の効力を失う日	令和　　　年　　　月　　　日
	※　登録の効力を失う日は、届出書を提出した日の属する課税期間の翌課税期間の初日となります。 　　ただし、この届出書を提出した日の属する課税期間の末日から起算して30日前の日から当該課税期間の末日までの間に提出した場合は、翌々課税期間の初日となります。 　　登録の効力を失った旨及びその年月日は、国税庁ホームページで公表されます。
適格請求書発行事業者 の登録を受けた日	令和　　　年　　　月　　　日
参　考　事　項	
税　理　士　署　名	（電話番号　　　－　　　－　　　）

※税務署処理欄	整理番号		部門番号		通信日付印 年　月　日	確認
	届出年月日	年　月　日	入力処理	年　月　日	番号確認	

注意　1　記載要領等に留意の上、記載してください。
　　　2　税務署処理欄は、記載しないでください。

第1号様式

消費税課税事業者選択届出書

<table>
<tr>
<td rowspan="7">令和　　年　　月　　日

＿＿＿＿＿税務署長殿</td>
<td rowspan="7">届

出

者</td>
<td>（フリガナ）</td>
<td></td>
</tr>
<tr>
<td>納　税　地</td>
<td>（〒　　　－　　　）

（電話番号　　　　－　　　－　　　）</td>
</tr>
<tr>
<td>（フリガナ）
住所又は居所
（法人の場合）
本 店 又 は
主たる事務所
の 所 在 地</td>
<td>（〒　　　－　　　）

（電話番号　　　　－　　　－　　　）</td>
</tr>
<tr>
<td>（フリガナ）
名称（屋号）</td>
<td></td>
</tr>
<tr>
<td>個 人 番 号
又　は
法 人 番 号</td>
<td>↓ 個人番号の記載に当たっては、左端を空欄とし、ここから記載してください。</td>
</tr>
<tr>
<td>（フリガナ）
氏　名
（法人の場合）
代 表 者 氏 名</td>
<td></td>
</tr>
<tr>
<td>（フリガナ）
（法人の場合）
代 表 者 住 所</td>
<td>（電話番号　　　　－　　　－　　　）</td>
</tr>
</table>

　　下記のとおり、納税義務の免除の規定の適用を受けないことについて、消費税法第9条第4項の規定により届出します。

<table>
<tr>
<td>適用開始課税期間</td>
<td colspan="2">自　○平成 ○令和　　　年　　月　　日　至　○平成 ○令和　　　年　　月　　日</td>
</tr>
<tr>
<td rowspan="2">上 記 期 間 の

基 準 期 間</td>
<td>自　○平成 ○令和　　　年　　月　　日</td>
<td>左記期間の
総 売 上 高　　　　　　　　　　　円</td>
</tr>
<tr>
<td>至　○平成 ○令和　　　年　　月　　日</td>
<td>左記期間の
課税売上高　　　　　　　　　　　円</td>
</tr>
<tr>
<td rowspan="2">事
業
内
容
等</td>
<td>生年月日（個
人）又は設立
年月日（法人）</td>
<td>1明治・2大正・3昭和・4平成・5令和
○　　○　　○　　○　　○
　　　　年　　　　月　　　　日</td>
<td rowspan="2">法人
のみ
記載</td>
<td>事 業 年 度</td>
<td>自　月　日 至　月　日</td>
</tr>
<tr>
<td>資 本 金</td>
<td>円</td>
</tr>
<tr>
<td></td>
<td>事 業 内 容</td>
<td></td>
<td>届出区分</td>
<td colspan="2">事業開始・設立・相続・合併・分割・特別会計・その他
　○　　　○　　　○　　○　　○　　　○　　　　○</td>
</tr>
<tr>
<td></td>
<td>参 考 事 項</td>
<td></td>
<td>税理士
署　名</td>
<td colspan="2">（電話番号　　　　－　　　－　　　）</td>
</tr>
</table>

<table>
<tr>
<td rowspan="4">※
税
務
署
処
理
欄</td>
<td colspan="2">整理番号</td>
<td colspan="2">部門番号</td>
<td colspan="3"></td>
</tr>
<tr>
<td colspan="2">届出年月日　　　年　　月　　日</td>
<td colspan="2">入力処理　　年　　月　　日</td>
<td colspan="3">台帳整理　　年　　月　　日</td>
</tr>
<tr>
<td colspan="2" rowspan="2">通 信 日 付 印

　年　　月　　日</td>
<td rowspan="2">確
認</td>
<td rowspan="2">番号
確認</td>
<td rowspan="2">身元
確認</td>
<td>□ 済</td>
<td rowspan="2">確認
書類</td>
<td rowspan="2">個人番号カード／通知カード・運転免許証
その他（　　　　　　　　　　　）</td>
</tr>
<tr>
<td>□ 未済</td>
</tr>
</table>

注意　1．裏面の記載要領等に留意の上、記載してください。
　　　2．税務署処理欄は、記載しないでください。

第2号様式

消費税課税事業者選択不適用届出書

収受印			
令和　年　月　日	届 出 者	（フリガナ）	
		納　税　地	（〒　　－　　　） （電話番号　　　－　　　－　　　）
		（フリガナ）	
		氏 名 又 は 名 称 及 び 代 表 者 氏 名	
＿＿＿＿＿税務署長殿		個 人 番 号 又 は 法 人 番 号	↓ 個人番号の記載に当たっては、左端を空欄とし、ここから記載してください。

下記のとおり、課税事業者を選択することをやめたいので、消費税法第9条第5項の規定により届出します。

①	この届出の適用 開始課税期間	自○平成 ○令和　年　月　日　至○平成 ○令和　年　月　日
②	①の基準期間	自○平成 ○令和　年　月　日　至○平成 ○令和　年　月　日
③	②の課税売上高	円

※　この届出書を提出した場合であっても、特定期間（原則として、①の課税期間の前年の1月1日（法人の場合は前事業年度開始の日）から6か月間）の課税売上高が1千万円を超える場合には、①の課税期間の納税義務は免除されないこととなります。詳しくは、裏面をご覧ください。

課 税 事 業 者 と な っ た 日	○平成 ○令和　年　月　日
事 業 を 廃 止 し た 場 合 の 廃 止 し た 日	○平成 ○令和　年　月　日
提 出 要 件 の 確 認	課税事業者となった日から2年を経過する日までの間に開始した各課税期間中に調整対象固定資産の課税仕入れ等を行っていない。　　はい □ ※　この届出書を提出した課税期間が、課税事業者となった日から2年を経過する日までに開始した各課税期間である場合、この届出書提出後、届出を行った課税期間中に調整対象固定資産の課税仕入れ等を行うと、原則としてこの届出書の提出はなかったものとみなされます。詳しくは、裏面をご確認ください。
参 考 事 項	
税 理 士 署 名	（電話番号　　　－　　　－　　　）

※ 税 務 署 処 理 欄	整理番号		部門番号				
	届出年月日	年　月　日	入力処理	年　月　日	台帳整理	年　月　日	
	通 信 日 付 印 年　月　日	確認	番号 確認		身元 確認	□ 済 □ 未済	確認 書類	個人番号カード／通知カード・運転免許証 その他（　　　　）

注意　1．裏面の記載要領等に留意の上、記載してください。
　　　2．税務署処理欄は、記載しないでください。

資 料 編

第9号様式

消費税簡易課税制度選択届出書

収受印 令和 年 月 日 ＿＿＿税務署長殿	届出者 納税地 氏名又は名称及び代表者氏名 法人番号

下記のとおり、消費税法第37条第1項に規定する簡易課税制度の適用を受けたいので、届出します。

□ 消費税法施行令等の一部を改正する政令（平成30年政令第135号）附則第18条の規定により消費税法第37条第1項に規定する簡易課税制度の適用を受けたいので、届出します。

① 適用開始課税期間　自 令和 年 月 日　至 令和 年 月 日

② ①の基準期間　自 令和 年 月 日　至 令和 年 月 日

③ ②の課税売上高　　円

事業内容等　（事業の内容）　（事業区分）第 種事業

提出要件の確認

注意 1．裏面の記載要領等に留意の上、記載してください。
　　 2．税務署処理欄は、記載しないでください。

87

第25号様式

消費税簡易課税制度選択不適用届出書

		（フリガナ）	
令和　年　月　日	届 出 者	納　税　地	（〒　　－　　） （電話番号　　　－　　　－　　　）
		（フリガナ）	
		氏　名　又　は 名　称　及　び 代　表　者　氏　名	
＿＿＿＿＿税務署長殿		法　人　番　号	※ 個人の方は個人番号の記載は不要です。

　　下記のとおり、簡易課税制度をやめたいので、消費税法第37条第5項の規定により届出
します。

①	この届出の適用 開始課税期間	自 ◉平成 　 ○令和　年　月　日	至 ◉平成 　 ○令和　年　月　日
②	①の基準期間	自 ◉平成 　 ○令和　年　月　日	至 ◉平成 　 ○令和　年　月　日
③	②の課税売上高		円
簡易課税制度の 適用開始日		◉平成 ○令和　年　月　日	
事業を廃止した 場合の廃止した日	個人番号 ※ 事業を廃止した場合には記載 してください。	◉平成 ○令和　年　月　日	
参　考　事　項			
税　理　士　署　名		（電話番号　　　－　　　－　　　）	

※ 税 務 署 処 理 欄	整理番号		部門番号			
	届出年月日	年　月　日	入力処理	年　月　日	台帳整理	年　月　日
	通信日付印 年　月　日	確認	番号 確認	身元 確認	□ 済 □ 未済	確認 書類	個人番号カード／通知カード・運転免許証 その他（　　　　　　　　）

注意　1．裏面の記載要領等に留意の上、記載してください。
　　　2．税務署処理欄は、記載しないでください。

著者紹介

渡部　博（わたなべ　ひろし）

公認会計士渡部博事務所　所長

MBA、公認会計士、ワシントン州公認会計士、税理士

　1990 年早稲田大学政治経済学部卒業

　青山監査法人、辻会計事務所（現　辻・本郷）を経て、

　2003 年公認会計士渡部博事務所を開業

主な著書

　『社会福祉法人・福祉施設経営における財務管理論 2022-2023』（全国社会
福祉協議会、2022 年）

　『改訂　社会福祉法人制度改革対応版　社会福祉法人会計基準の実務　会
計処理』（共著、全国社会福祉協議会、2022 年）

鳥原　弓里江（とりはら　ゆりえ）

公認会計士渡部博事務所　税理士

　2009 年筑波大学第二学群人間学類卒業

　2016 年公認会計士渡部博事務所入所

　2022 年青山学院大学専門職大学院会計プロフェッション研究科修了

どうかわる？社会福祉法人のためのインボイス対応Q&A

2023 年 4 月 10 日　初版第 1 刷発行

　　　　　著　者　渡部　博
　　　　　　　　　鳥原　弓里江
　　　　　発行者　笹尾　勝
　　　　　発行所　社会福祉法人　全国社会福祉協議会
　　　　　　　　　〒 100-8980　東京都千代田区霞が関
　　　　　　　　　　　　　　　 3-3-2 新霞が関ビル
　　　　　　　　　TEL：03-3581-9511
　　　　　　　　　郵便振替：00160-5-38440
　　　　　定　価　1,760 円（本体 1,600 円＋税 10%）
　　　　　印刷所　三報社印刷株式会社

禁複製
ISBN978-4-7935-1428-9 C2036 ￥1600E